Andreas Maier
Ich

Frankfurter Poetikvorlesungen

Suhrkamp

edition suhrkamp 2492
Erste Auflage 2006

Originalausgabe

Druck: Druckhaus Nomos, Sinzheim
Umschlaggestaltung nach einem Konzept
von Willy Fleckhaus: Rolf Staudt
Printed in Germany
ISBN 978-3-518-12492-5
ISBN 3-518-12492-7

1 2 3 4 5 6 – 11 10 09 08 07 06

Inhalt

1.

Die Verweigerung

Meine sehr verehrten Damen und Herren, meine erste Erinnerung gehört, wie ich mir inzwischen zurechtgelegt habe, den Tieren, und zwar den Enten im Bad Nauheimer Kurpark. Aber das ist noch nicht der Punkt, bei dem alles begann. Oder vielleicht beginnt es genau hier. Es ist immer Herbst, ich werde immer über Laub geschoben, ich sitze immer in einem Kinderwagen. Wer mich schiebt, ist meine Urgroßmutter, ich bin vermutlich ein oder zwei Jahre alt. Sehr dick eingepackt, bewege mich eigentlich nicht. Aber das ist eine flächige Erinnerung, eine Art von noch ganz ewigem Einerlei. So könnte eine Autobiographie anfangen, aber das hier ist keine Autobiographie, sondern es nennt sich Vorlesung über Poetik. Dennoch ordnet sich alles in meinem Leben und in meiner Literatur nach einem bestimmten Punkt, mit dem alles begann. Dieser Punkt enthält alles weitere, er strukturiert bis heute jedes Problem, welches ich mit den Menschen und mir habe, und er strukturiert meine literarische Form, die, wie mir irgendwann klargeworden ist, auch nichts anderes ist, als ich selbst bin. Jener Punkt, mit dem alles begann, ist die erste nicht flächige, sondern konkret zeit- und ortsgebundene Erinnerung. Für mich begann mein bewußtes Leben mit einer Katastrophe. Das ist ein großes Wort, Sie werden es gleich relativiert bekommen, und dennoch habe ich mich von dieser Katastrophe bis heute nicht erholt. Sie bestimmt systematisch alles weitere. Dies ist wie gesagt keine Autobiographie, aber um Ihnen überhaupt einen Eindruck zu verschaffen, in welchem seelischen Klima meine, wie ich erfahren habe, teils sehr mißverstandenen Bücher entstanden sind, muß ich aus meinem Leben erzählen. Das erste Buch habe ich veröffentlicht mit zweiunddreißig Jahren, an einem achtundzwanzigsten August, wie ich mich erinnere, am einhunderteinundfünfzigsten Geburtstag Goethes, des Namensgebers dieser Universität, an der ich studiert habe, aber das nur am Rand. Ohne die zweiunddreißig Jahre davor wäre alles ganz anders bzw. gar nicht geworden, und deshalb bin natürlich ich selbst und ist mein Leben und das, was ich erlebt habe, die alleinige Grundlage meines Schaffens, wenn mir dieses große Wort erlaubt sein sollte. Ich schaffe ja nichts, ich versuche nur durchzukommen. Ich habe immer wieder erlebt, daß meine Sätze, die ich spreche, ganz ähnlich den Sätzen klingen, die andere über sich und ihr Leben sprechen, und dennoch zeigt sich irgendwann jenseits des Wortlauts eine Differenz, die bei näherer Betrachtung immer größer wird. Und es liegt in der Sache, daß ich Ihnen diese Differenz nicht binnen wenigen Sätzen nahebringen kann, Sie würden sie nur auf die Ihnen eigene Weise verstehen. Aber vielleicht gelingt es mir innerhalb der fünf Vorlesungen, wenigstens eine Ahnung bei Ihnen zu erzeugen von dem, was diese Differenz ausmachen könnte und was mich aus vielerlei herausfallen läßt, aus dem Sie möglicherweise nicht so herausfallen. Lassen Sie mich die Darlegung des einen Punkts, der systematisch alles vorbestimmt, noch etwas hinauszögern und Ihnen einige Impressionen aus meinem Leben geben. Ich erinnere mich da etwa an das Jahr 1996. Ich war gerade Studienreferendar für Deutsch und Latein am Heinrich-von-Gagern-Gymnasium am Frankfurter Zoo. Im Winter zuvor hatte ich hier an der Universität meinen Magister gemacht, dann hatte mich mein Lateinprofessor Neumeister geradezu demütig gebeten, noch das erste Staatsexamen dranzuhängen, da man nie wisse, was werde *etcetera*. Also habe ich noch das erste Staatsexamen angehängt, dann ging ich, weil das Angebot zu verlockend war, an die Schule und bekam sofort zweitausend Mark auf die Hand, ich hatte ja nichts. Ich weiß, wie ich einmal im Sommer, in einem Zustand, wie ich ihn jeden Tag erfuhr, von der Schule auf den Zoovorplatz lief, mich auf den Mauerrand des dortigen Brunnenrondells setzte, nach oben schaute und eine zehn Kilometer schwere Luft- bzw. Atmosphärensäule ganz direkt auf mir lasten fühlte. Ich dachte, was ich schon immer dachte, bis heute, und was meine Protagonisten auch immer denken, nämlich: wie halten die das alles aus? Wie halten diese Menschen in den Lehrerzimmern das aus, wie halten die Schüler das aus, wie halten überhaupt berufstätige Menschen ihre Berufe aus, im Ganzen: wie halten die Menschen das Leben, wie es ist, aus? Und zeitgleich dachte ich, was mir schon seit langer Zeit die größte Gewißheit war: sie müssen es nicht aushalten, sie haben nichts auszuhalten, es würde ihnen ohne das sogar etwas fehlen. Die Differenz ist etwas, das sich um sich selbst dreht, nämlich indem man die Differenz denkt. Manchmal glaube ich, das Verweigern einer Sache ist der einzige wirkliche Beweis für das Leiden an dieser Sache, womit ich mit Leiden so etwas wie die Folge von Unaushaltbarkeit meine. Ich habe auch oft erlebt, das heißt, ich habe es eigentlich immer erlebt, daß jede Menge Menschen an dieser Stelle sofort aufstehen und sagen, das sei eine ganz ungeheuerliche Anmaßung. Ich habe sowieso nie etwas so häufig erlebt wie folgendes: daß die Menschen jedwede Differenz zwischen sich und anderen als Anmaßung empfinden. Die übliche Antwort in solchen Situationen ist dann entweder ein *Reiß dich zusammen* oder ein *Was bildest du dir eigentlich ein?* Aber wie gesagt, ich habe fünf Vorlesungen Zeit, und vielleicht wird mit der Zeit wenigstens atmosphärisch spürbar, wovon ich überhaupt rede. Mein Tagesablauf während des Referendariats sah so aus: Ich war damals längst noch kein Schriftsteller, ich hatte bis *dato* kein Wort publiziert, ich kannte keine Verlage, keine Verleger, keine Zeitschriften, nichts, ich kannte nur die beiden Buchhandlungen in meiner Heimatstadt Friedberg in der Wetterau, die Buchhandlung Scriba und die Buchhandlung Bindernagel. Ich stand morgens um halb fünf auf, um an einem Roman zu schreiben, der in der Wetterau spielte, fuhr dann gegen sieben nach Frankfurt, unterrichtete einige Stunden, am Nachmittag war ich völlig am Boden, trank frühzeitig möglichst viel, verspeiste Unmassen Fleischportionen im Gemalten Haus hier auf der Schweizer Straße, Rippchen, Haspel, Schweinesolber, nahm Kilo um Kilo zu und sagte mir, was du unbedingt verhindern mußt, ist, Lehrer zu werden. Nur wie? Wenn mich meine Umwelt fragte, was ich denn anderes machen wolle, dann konnte ich nur sagen: Weiß ich nicht. Irgendwie doch noch Schriftsteller werden. Aber dann warfen sie die Hand in die Luft, lachten minutenlang und riefen: Das erzählst du doch schon seit Jahren! Seitdem du zwanzig bist, erzählst du das! Aber wo ist es denn, dein Buch! Haha, das kann ja jeder über sich behaupten, daß er Schriftsteller werden will, aber wo ist der Beweis? Später war ich einmal Praktikant im Frankfurter Verlag Neue Kritik, Kettenhofweg, und las dort unverlangt eingesandte Manuskripte. Es waren zahllose. Was ich damals zu begreifen begann, ist folgendes: Es gibt wirklich unzählige Menschen, die zu Hause schreiben. Fast alle Manuskripte waren nicht nur schlecht, sondern ich würde mich sogar zu dem Urteil versteigen, daß die meisten nicht nur nichts mit Literatur zu tun hatten, sondern einem klinischen Wahnsinn zu entstammen schienen. Sie waren zumindest aus einer totalen Verkennung dessen heraus entstanden, was Literatur ist. Daß Literatur eine Form haben muß und eine Sprache, eine innere Form und eine innere Sprache und vor allem ein Geheimnis jenseits der Sprache und der Form, schien den allermeisten nicht bewußt zu sein. Ja, aber konnte ich denn wissen, ob ich nicht genau so einer war? Ich konnte es natürlich nicht wissen. Dieser Druck lastete damals zur Referendarszeit zusätzlich auf mir: Ich konnte, was ich schrieb, nicht beurteilen, und es gab auch sonst niemanden, der es hätte beurteilen können. Übrigens wollten später tatsächlich einige größere Verlage den Roman haben, an dem ich damals jeden Morgen ab fünf Uhr für eine Stunde schrieb, aber erst drei Jahre später und aufgrund eines bloßen Zufalls. Allerdings warf ich alles, was ich in jenem Jahr Referendariat an ihm geschrieben hatte, später wieder weg, einfach weil es nicht zu gebrauchen war. Ich kann morgens um fünf Uhr einfach nicht schreiben. Und nach einem Schultag kann man sowieso nicht schreiben. Um irgendwie noch Schriftsteller zu werden, mußte ich dringend aus der Schule raus. Ich verweigerte also. Soviel zum Jahr 1996 und der damals zehn Kilometer hoch auf mir lastenden Säule.

Eine weitere Erinnerung, da war ich siebzehn und bei einem Psychologen. Der Mann war ein Schwarzer, hieß Dr. Cooper und sah aus wie das Klischee eines hageren, weißbärtigen, schwarzen Arztes. Er hatte ein typisches Kofi-Annan-Gesicht. Ich bin, glaube ich, ausgerechnet zu ihm nur deshalb hingegangen, weil er in dem Haus seine Praxis hatte, in dem ich siebzehn Jahre zuvor zur Welt gekommen war. Er fragte, was mein Problem sei. Ich sagte, es rede dauernd in meinem Kopf. Er fragte: Sie meinen Stimmen oder was? Hören Sie Stimmen? Ich: Ja, so könnte man es vielleicht nennen. Er: Sie hören also verschiedene Stimmen? Ich: Nein, nicht verschiedene. Es ist eher immer nur eine. Er: Aha. Und was redet diese Stimme? Ich: Nun, wie soll ich sagen? Sie kommentiert dauernd alles. Wenn ich gerade einen Hang hinauflaufe, sagt diese Stimme: So, jetzt läufst du also einen Hang hinauf. Oder vielleicht sagt diese Stimme auch *ich*, vielleicht sagt sie: So, jetzt laufe *ich* also einen Hang hinauf. Wissen Sie, wie quälend das ist? Jener Doktor fragte mich, ob ich betrunken sei. Ich verneinte das. Das Ergebnis dieser Sitzung, ich bin anschließend nie mehr hingegangen, war erschreckend. Der Arzt sagte, ich müsse unbedingt zuerst Tabletten nehmen, erst einmal müsse ich ruhiggestellt werden, mit mir sei nicht anders umzugehen als mit einem Menschen, der einen schweren Rausch habe, ich müsse also, durch die Tabletten, sozusagen erst einmal ausnüchtern. Vielleicht meinte er einen Ich-Rausch. Ich sagte dem Arzt, daß ich im Leben niemals diese Tabletten nehmen werde. Der Arzt sagte, wenn ich sie nicht nähme, würde ich mein Leben lang aus all dem nie mehr herauskommen. Er rief mir so etwas wie einen Fluch hinterher, dem ich noch heute unterliege, er sagte nämlich: Sie mögen immer wieder meinen, sich an den eigenen Haaren aus dem Loch herausgezogen zu haben, es wird immer eine Einbildung und nur der Vorbote eines noch viel tieferen Sturzes sein. Sie kommen da ohne Hilfe nie mehr heraus. Besser jetzt als später. Das ist jetzt einundzwanzig Jahre her. Aufgehört zu reden hat es unterdessen nur zeitweise. Ich sagte dem Arzt, daß ich nie mehr wiederkommen werde, er rief mir hinterher, ich solle keinesfalls Auto fahren, Leute wie ich seien eine Gefahr für die Menschheit. Jener Arzt hat später reihenweise Menschen aus meiner Umgebung in Kliniken verschwinden lassen und ist selbst vor bereits zwölf Jahren gestorben. Aber seit diesem Arztbesuch, der also auch etwas mit Verweigerung zu tun hatte, komme ich mir manchmal wie ein Freigänger vor. Noch Jahre später haben mir immer wieder mal Ärzte mit Tabletten gewunken, ich glaube, ich habe einen Tag vor einer Operation, ohne daß ich es wußte, eine solche Tablette verabreicht bekommen, es war gar nicht unangenehm. Es wäre eine Form des Sichgehenlassens, so wie das gesamte psychotherapeutische

Zeitalter eine Form des Sichgehenlassens ist. Meine Damen und Herren, ich habe bislang eine Reihe von Verweigerungen aufgezählt, und der eine bestimmende Moment in meinem Leben beinhaltete ebenfalls eine Verweigerung. Es war die Verweigerung des Kindergartens. Ich schildere nun zuerst, woran ich mich bei jenem einen Tag, den ich in meinem Leben im Kindergarten verbracht habe, erinnern kann. Ich kann mich erinnern, wie ich, nach gewissen vorbereitenden Gesprächen, in das Auto gesetzt und an diesen als Kindergarten bezeichneten Ort gebracht wurde. Alle waren an diesem Tag denkbar guter Laune, diese gute Laune ging ins Leere, ich erinnere mich noch gut an das Unechte und Unaufrichtige in diesem Gute-Laune-Gefühl, das man um mich verbreitete. Genau dieselbe Unaufrichtigkeit, die ich bei fast allen pädagogischen Bemühungen spürte, die man mir später widmete. Das Wort Kindergarten war für mich unvorstellbar, ich weiß genau, daß ich über dieses Wort einfach nicht nachdenken wollte, der Tag rückte näher und näher, aber ich dachte darüber nicht nach, wie bei einem Todesurteil vielleicht. Ich muß aber sagen, daß allein schon das Wort Kinder in Kindergarten mir Angst machte. Kinder machten mir eine diffuse Angst. Oder machten mir Kinder, also Menschen, erst seit diesem Tag angst? Ich weiß es nicht mehr so genau. Also Auto, Hinfahren, im Gang des Kindergartens steht eine überaus gutgelaunte Person und grinst mich freundlich begeistert an, wieder ist da dieses Unechte. Ich fühlte mich bereits wie in einem Käfig. Die nächsten Stunden erinnere ich kaum. Entweder habe ich die ganze Zeit geheult, oder ich saß apathisch herum und staunte die anderen bei ihrem Tun an. Wahrscheinlich trifft letzteres zu, ein paar Erinnerungen und Beobachtungen habe ich nämlich doch. Die Menschen dort waren ungeheuer bunt gekleidet. Sie hatten komische Zähne. Sie waren sehr aggressiv. Sie verbreiteten einen Geruch, den ich kaum ertrug. Sie waren schnell, und sie handelten nach Gesetzen, die mir völlig verschlossen blieben. Diese Menschen waren eine Gruppe. Diese Gruppe funktionierte nach Regeln, die ich nicht kannte und die ich bis heute nicht kenne. Vor meinen Augen verwandelten sich diese Menschen in Handlungsautomaten. Sie schlugen sich, sie bissen sich, sie kommunizierten miteinander, sie taten irgend etwas miteinander, und vor allem: sie konnten es. Sie konnten es, indem sie es einfach taten. Zum Beispiel schlug der eine dem anderen ins Gesicht, dann heulte der Geschlagene, und drei Minuten später machten sie wieder etwas zusammen, sagen wir, mit Bauklötzen. Überall war das Unechte im Raum, im Bezug der Kinder zu den anderen Kindern ebenso wie in ihrem Bezug zur Aufseherperson, sie folgten der unechten Aufseherperson trotz deren Unechtheit, und ihr Folgen war auch unecht. In diesem Kindergartenraum war keinerlei Wahrheit vorhanden, sondern Gruppenverhalten und ein gewisses Maß unaufrichtiger Pädagogik. Die Kinder schienen an all das bereits völlig gewöhnt, oder es kam sogar durch sie selbst. Ich habe auch zwischen der Kindergärtnerin und den Kindern keinen Unterschied gesehen, der einzige Unterschied, den ich gesehen habe, war der zwischen mir und allen anderen im Raum. Was passierte, als ich abgeholt wurde, weiß ich nicht. Ob ich in meiner Mutter eine Verräterin sah, kann ich nicht sagen. Vermutlich waren das die wichtigsten Stunden in meinem Leben, aber auch, was am Abend und am nächsten Tag geschah, erinnere ich nicht. Vielleicht haben meine Eltern, die sich ja übrigens auch nicht allzusehr von den Menschen unterscheiden, die ich da im Kindergarten erlebt hatte, doch irgendwie einsehen können, daß ich unter einem Schock stand.

Natürlich kann man frühere Gründe suchen. Aber ich kenne keine frühere Verweigerung. Ich möchte übrigens bemerken, daß ich von der eigentlichen Verweigerung noch gar nicht berichtet habe, an die kann ich mich nämlich nicht erinnern, ich kenne meine eigentliche Verweigerung des Kindergartens selbst nur aus Erzählungen. Also, man könnte frühere Gründe suchen für all das. Meine Mutter war Direktorin einer Steinwerkefirma mit etwa fünfunddreißig Angestellten. Angeblich verbrachte ich meine ersten Jahre fast ausschließlich bei meiner Urgroßmutter, einer Frau namens Else Boll. Ich kann mich nur leider überhaupt nicht an eine Urgroßmutter erinnern, wohl aber an die Enten im Park. Es gab vorher keine Widerstände. Vorher war die Welt eine Fläche, die von mir betrachtet wurde. Ich war nicht Teil dieser Fläche. Die Enten bezogen mich nicht so sehr ein. Das Herbstlaub auf dem Boden auch nicht. Hätte man mich in diesem Zustand, als ich, sagen wir, ein oder zwei Jahre alt war, getötet, wäre das ein gutes Leben und ein gutes Ende gewesen, und ich wäre als glücklicher und völlig unbeschädigter Mensch zum lieben Gott gekommen. Es gab kein Funktionieren um mich herum und offenbar sehr, sehr wenige Menschen. Nun also die Verweigerung des Kindergartens.

Wenn ich meine Mutter heute frage, wie ich damals, als ich drei war, sprach, also wie meine Sprech- und Artikulationsfähigkeit war, dann sagt sie, ich habe glasklar gesprochen. Ich habe nicht gelallt und nicht undeutlich artikuliert, allerdings hatte ich drei Jahre lang gar nichts gesprochen und dann gleich ohne jeden vorherigen Versuch in Sätzen, möglicherweise der Beginn einer Schriftstellerexistenz schon damals, ein paar Monate vor dem Kindergarten. Also, ich soll, als meine Mutter mich vom Kindergarten abgeholt hat, erst einmal gar nichts und dann draußen auf der Straße folgendes gesagt haben, wie gesagt in einem vollständigen und klaren Satz, ich war drei: Wenn ihr mich hier morgen wieder herbringt, renne ich unter das nächste Auto. Ein Konditionalsatz. Mit drei! Meine Mutter bestätigt das, daß ich unzweifelhaft einen Konditionalsatz gesagt hatte, und gleich den wichtigsten meines Lebens. Mit drei Jahren meine erste Selbstmorddrohung als Druckmittel zur Verweigerung des Kindergartens. Da ist sie also, die erste Beschädigung. Aus der ich seitdem alles ableite, sogar meine ganze Stellung zum Literaturbetrieb, zur Welt überhaupt, und auch den Kern meines Glaubens leite ich davon ab, aber zu all dem später mehr. Wie komme ich als dreijähriger Mensch zu einer autonomen Selbstmorddrohung? Das läßt sich, glaube ich, recht einfach erklären. Erstens warnte mich meine Mutter als Kind unablässig, aufzupassen, wenn ich über die Straße gehe. Der eine oder andere hier im Saal wird vermutlich wissen, daß ich heute kein Freund von Automobilen bin und in jedem Auto einen Akt schwer erträglicher Brutalität sehe. Auch der liebe, tote Herr Cooper warnte mich vor diesen Dingern. Meine Mutter, die immer Auto fuhr, hatte also Angst, ich könnte vor eines kommen, bemerkenswert, dabei fahren sowohl sie als auch mein Vater in Dreißigkilometerzonen regelmäßig mindestens fünfzig oder sechzig. Aber die Lüge ist ja das Gesetz unseres Lebens. Also, ich wußte durch die Angst meiner Mutter, wie ich ihr Angst machen konnte, nämlich indem ich damit drohte, genau das zu tun, wovor sie mich immer warnte. Zweitens kannte ich mit drei Jahren bereits Szenen mit Selbstmorddrohungen durch Familienmitglieder. Wie mir heute vorkommt, drohten die Betreffenden geradezu regelmäßig damit, ins Auto zu steigen, um gegen den nächsten Baum zu fahren, worauf sie dann auch tatsächlich ins Auto stiegen und mich am Fenster zurückließen in meiner Angst. Aber sie fuhren nie gegen den Baum, sondern waren bald wieder da und betranken sich dann lediglich ziemlich schnell, ein Verhalten, das ich inzwischen auch übernommen habe und das auch ein paar meiner Romanhelden an den Tag legen, die ja immer negative Helden sind, Schwächlinge und Verweigerer und am Ende einfach Menschen, die gar nichts mehr sagen, weil jedes Wort im Kindergarten sowieso sinnlos wäre. Meine früh und schlagartig entstandene Grammatikfähigkeit paarte sich also auf das beste mit den bereits gemachten Lebenserfahrungen und brachte mich zu jenem innerfamiliär berühmt gewordenen Konditionalsatz, der mein Grundmotiv überhaupt geworden ist, wie vielleicht noch sichtbar werden wird.

Ein Freund von mir sagt immer, blase um Gottes willen nicht alle deine Geheimnisse in die Welt hinaus, das macht dich auf die Dauer unproduktiv, und ich pflege immer zu antworten, Quatsch, hinter all diesen Geheimnissen stecken noch ganz andere, und die finde ich immer erst, wenn ich die Vorgängergeheimnisse in die Welt hinausgeblasen habe.

Nach dem verweigerten Kindergarten wurde die Welt ein Paradies. Ich war durch jenen Konditionalsatz zu Bewußtsein gekommen und zu mir selbst geworden, meine Mutter war nach wie vor Direktorin der Firma, meine Schwester war ohne Verweigerung im Kindergarten, mein Bruder bereits in der Schule, mein Vater wie immer, wie vierzig Jahre seines Lebens, von morgens bis abends bei seiner Arbeit, und ich war allein. Den ganzen Tag. Zuhause im Keller. Ein Kellerparadies. Ich hatte dort unten im Keller einen kleinen Raum, mit drei, man darf sich das nicht so düster vorstellen, von dem Raum aus betrat man eine Treppe, die in den Garten und zum Fluß, der Usa, hinaufführte, der Raum hatte ein recht großes Fenster und eine Holztür mit Glaseinlage. Dort unten wurde ich zum Bastler. Ich fuhr ein, zwei Mal die Woche zum Edeka, kaufte mir Micky-Maus-Hefte mit Schnittbögen und klebte ganze Sherwood Castles und Westerndörfer mitsamt Eisenbahn zusammen, mit Wattekrone als Lokomotivdampf. Später wurden die Schnittbögen anspruchsvoller, ein ganzes Asterixdorf wurde errichtet und der Dresdner Zwinger. Ein anderer Gegenstand meiner ersten Produktionsphase: Plastikmodelle. Mein Bruder hatte damit angefangen, vermutlich nach den Olympischen Sommerspielen '72 und der mißglückten Geiselbefreiung in Fürstenfeldbruck. Das erste Modell, das ich zu Gesicht bekam, nämlich aus der Hand meines fünf Jahre älteren Bruders, war genau der

Hubschraubertyp, den wir als ausgebrannten Schrotthaufen in unserem kollektiven Mediengedächtnis gespeichert haben, als seien wir dabeigewesen. Der Hubschrauber heißt übrigens Bell UH-1D, ich habe ihn später mehrfach selbst gebaut, zog aber eindeutig Ein- oder Zweimannjäger aus dem Zweiten Weltkrieg vor. Messerschmitts. Mustangs. Spitfires. Ich kannte all die Flugzeugtypen, die Engländer, die Amerikaner, ich liebte besonders die Deutschen, neben der Messerschmitt den Stuka, den gab es ganz groß, mit einem Piloten drin, die Hand am Steuerknüppel, alles von mir liebevoll und anweisungsgemäß bemalt. Das Zeug durfte ich mir hemmungslos kaufen, denn der Bub konnte sich ja wunderbar mit sich selbst beschäftigen, jahrelang saß ich im Keller und baute deutsche Kriegsflugzeuge, und der grandiose Schlußmoment war immer die Anbringung des Hakenkreuzes am Leitwerk hinten. Dann war es gut. Völlig verstört war ich, vermutlich mit fünf oder sechs, als plötzlich Hakenkreuze im öffentlichen Raum verboten wurden und in den Modellkästen keine mehr enthalten waren. Ein Sturzkampfbomber ohne Hakenkreuz war eine einzige Enttäuschung, ich ließ bald von all dem ab und sattelte auf Hochseerettungsboote um. Ich erzähle Ihnen das nicht aus bloßem Spaß, es hat einen Grund. In dem ganzen Keller steckte nämlich ein Problem, das ich lange Zeit nicht begriff. Inzwischen war ich in der Schule, in der Grundschule brachte ich es auf phänomenale Fehlzeiten von durchschnittlich fünfzig Tagen pro Halbjahr. Dennoch, und das gab mir zu denken, war ich immer Klassenbester. Von meiner Klasse haben es sowieso nur drei auf die höhere Schule geschafft, das war auf der Schule, in die man mich gesteckt hatte, so der Schnitt. Auf dem Pausenhof handelten sie nach ihren eigenen Gesetzen, die sie selbst nicht kannten, obgleich sie sie alle befolgten, als hätten sie nie etwas anderes gelernt. Sie spielten, sie rannten hintereinander her, sie prügelten sich oder spielten mit kleinen Plastikflaschen Fußball, die Hälfte aller Jungs war in mindestens einem Sportverein, dort feierten sie erste Erfolge, bei denen es dann auch blieb. Ich verschwand jeden Mittag nach der Schule sofort in den Keller wie in eine Zuflucht. Wie gesagt stellte sich dort ein Problem ein, das mich zusehends bedrückte. Alles, was ich dort unten erschuf, war vorgefertigt. Die Teile waren gegossen, die Montagepläne narrensicher, man brauchte nur Geduld, Geschick, aber keinerlei Selbständigkeit. Dabei gab es doch Menschen, die konstruierten sich Modellflugzeuge selbst, aus Holz, sie benutzten nur Grundmaterialien, sie erfanden quasi alles weitere, wie wirkliche Handwerker und Konstrukteure. Ich schuf nur Vorgefertigtes, vergleichbar einer Instantnahrung, über die man bloß Wasser gießt, und aus Pulver wird ein Kartoffelbrei. Der Sprung in die andere Welt gelang mir nie, ich machte nicht einmal Sprungbewegungen. Obwohl alles immer größer und perfekter und bombastischer wurde (ich schuf inzwischen ganze Rommel-Wüstenfuchs-Szenerien auf quadratmetergroßem Untergrund nach), die Frustration wuchs sich aus zu einem Gefühl regelrechter Behinderung. Ich weiß nicht mehr genau, wie lang das ging. Irgendwann war die Kellerexistenz vorbei, ich ging nur noch aus Routine hinunter, vielleicht las ich im Keller sogar inzwischen. Wenn mal ein Schulkollege zu mir kam, zertrümmerte er sofort völlig neidisch die Hälfte meiner perfekten Einmannjäger, und ich ließ ihn gewähren, während ich ihm zuschaute wie einem sehr fremden Wesen. Ich und die, es gab eine unüberbrückbare Kluft.

Springen wir in mein fünfzehntes Lebensjahr. Es war etwa zu der Zeit, als ich wirklich zu lesen begann. Damals gab es in Friedberg in der Wetterau, wo ich aufwuchs, wie es so schön heißt, eine Stadtbücherei im alten Sinne, heute ist es eine Mediothek, die ich schon seit ewigen Zeiten nicht mehr besucht habe. Ich las wie süchtig, es war eine ganz andere Welt. In der Schule, überhaupt draußen, in der Gesellschaft, im »ihr«, ging es für mich nur noch um Mädchen, da fühlte ich mich erstmals wohl und unbeschwert. Die Liebe war nicht das Spiel der anderen, in der Liebe ging es nicht um mich und die, sondern um mich und einen anderen Menschen. Dieser andere Mensch (das Mädchen) war einer, er war keine Gruppe und konnte keine bilden, solang er mit mir allein war. Neben den Mädchen gab es die Bücher. Ich lief in die Bibliothek, lieh mir völlig chaotisch Bücher aus (man durfte immer nur fünf auf einen Schlag entleihen), sagen wir Unordnung und frühes Leid, King Lear, Camus' Fremden, Viktoria von Hamsun und Schillers Über naive und sentimentalische Dichtung. Es konnte auch Klabund darunter sein, oder Gedichte von Arp, oder Nietzsche, völlig egal. Dann las ich drei Tage, kaum war ich mit einem Buch fertig, schlug ich das nächste auf, in den Sommerferien kam ich auf diese Weise auf ziemlich viel, das ich wahllos in mich hineinschlang. Warum tat ich das? Interessierte mich die literarische Form? Waren die Geschichten für mich interessant, also sagen wir, Viktoria, Norwegen in den letzten Jahren des neunzehnten Jahrhunderts, oder Lear, die Zustände an englischen Adelshöfen? Nein, überhaupt nicht. Mich interessierte auch nicht die Seelenlage der Protagonisten. Es ging mir zwar nie um etwas anderes als um die Seelenlage der Protagonisten, aber interessieren wäre hier nicht das richtige Wort. Es war eher eine Form von Identifikation. Die Bücher luden mich mit sich auf, und zugleich lud ich sie mit mir auf, ein Prozeß, aus dem ich bis heute nicht herausgekommen bin und aus dem ich um Gottes willen auch nie herauskommen will, sonst wäre sofort alles tot in mir, was die Literatur betrifft. Es war jedes Buch ein Mensch oder viele, aber nie als Gruppe, und auch noch mehr als jedes Mädchen, kurz gesagt, sogar mehr als ich. Ich war den Büchern ähnlich, das wußte ich, aber sie waren mir ein Stück voraus und versuchten gleichzeitig, mich hinter sich herzuziehen. Meine Mutter sprach damals oft davon, sie würden mich verführen. Ja, das sagte sie über die Bücher, nicht über die Mädchen. Aber es gab das Klischee ja früher tatsächlich oft, denken Sie an Madame Bovary, da geht es auch um Romane, die, quasi als Seelenkitsch, die Leute verführen, besonders die Frauen, aber ich bin keine. Ein russischer Freund von mir, der heute im Kloster sitzt, hat seit seinem Eintritt ins Kloster ebenfalls eine Abneigung gegen Romane entwickelt, auch gegen meine. Er sagt, daß ein Aufgehen des Lesers in einer Erzählwelt eine Art von Gottesferne beinhaltet oder ein Gottvergessen. In einem Buch aufzugehen ist für ihn nichts anderes als in der Welt aufzugehen. Dieses Aufgehen vernichtet Gott und das eigene Ich. Aber bei mir war es wohl doch etwas grundlegend anderes. Ich begann ein Gespräch mit diesen Büchern zu führen, und zwar kurz gesagt darüber, wie die Welt sein soll bzw. wie die Menschen sein müßten, wenn sie gut wären, und wie sie wirklich sind und warum sie nicht gut sein können *etcetera*. Das ständige Scheitern aller an der Wahrheit und an sich selbst, das Bewußtsein vom weitgehenden Mißbrauch ihrer eigenen Begriffe und ein furchtbares ständiges Scheitern und Leiden wie in meinem eigenen Leben, das fand ich in den Büchern. In meiner Umwelt fand ich das wohlgemerkt nicht. In meiner Umwelt fand ich nur die ständige Reproduktion mir unbekannter Regeln von Menschen, bei denen ich nicht sicher war, ob sie tatsächlich ein Seelenleben hatten. Ein Seelenleben hatte für mich in erster Linie immer etwas Verhinderndes. Es zog einen zur Wahrheit hin oder zum lieben Gott oder zum bodenlosen Scheitern, aber nicht zu den Menschen und zum Funktionieren unter ihnen. Ein Seelenleben, das einen zu den Menschen und zum Funktionieren unter ihnen bringt, scheint mir ein Widerspruch in sich zu sein, bis heute. Natürlich brachten mich die Bücher immer weiter weg von all dem, von dem ich sowieso schon weg war. Tatsächlich befand ich mich in einer Isolation, aber in keiner anderen als der, in der ich mich schon an meinem ersten und einzigen Kindergartentag befunden hatte. Und dennoch gab es jetzt etwas, Bücher. Sie waren ein Remedium, ein Hilfsmittel, das vielleicht sogar ein Heilmittel werden konnte. Um es konkreter zu sagen: Personen wie Aljoscha Karamasow begegnete ich in Friedberg in der Wetterau nicht. Es gibt diese schöne Szene im Matthäusevangelium, als Jesus predigt und man ihm sagt, seine Mutter und seine Geschwister stünden vor den Toren der Stadt und warteten auf ihn. Jesus fragt darauf, wer ist meine Mutter, wer sind meine Brüder und Schwestern. Dann schaut er auf die ihn umstehenden Menschen und sagt, das sind meine Brüder und Schwestern. So ging es mir auch. In meinen Eltern wie in meinen Geschwistern wie in allen anderen begegnete ich Wesen, die mir fremd waren wie Dinge von einem anderen Stern, sie waren nie ein Ich wie ich, sondern sie waren wie Leute aus der Gruppe der Kindergartenkinder mitsamt Kindergartengärtnerinnen. Ich war offenbar nicht mit ihnen verwandt. Aber z. B. mit Aljoscha Karamasow war ich verwandt, da fand etwas statt, das auch in mir stets stattfand, nennen wir es eine Seele, nennen wir es vielleicht auch eine Seele, die leidet, nennen wir es vor allem aber eine Seele, die sucht, und zwar ohne ihr eigenes Zutun, vielmehr einfach so, von selbst, als bestünde sie aus nichts anderem als nur aus eben dieser Suche und auch diesem Leiden, *nota bene* aber auch aus einer gewissen Sensibilität oder Empfänglichkeit, wie ich sie ebenfalls nirgends in meiner Umwelt entdeckte. Daß nicht alles so sein müsse, wie es ist, daß vielleicht alles anzuzweifeln sei, radikal, weil alles nur ein bloßes Funktionieren ist, zu dem sich nie jemand am Grund seines Seelenlebens wirklich entschieden hat, sondern das eher in einem allgemeinen menschlichen Trott seinen Ursprung hat, von den familiären Bindungen bis hin zum Tourismus, von der Schule bis hin zum Staatswesen, dieser Gedanke schien mir evident, und diese grundsätzlichen Zweifel fand ich z. B. bei Aljoscha Karamasow und später auch bei seinen Brüdern. Ehrlich gesagt kommt mir heute sogar der alte Karamasow, der Säufer, mit einem reicheren Innenleben ausgestattet vor als die meisten Menschen, denen ich begegnet bin. Wie kann das sein? Nun, es ist eine einfache phänomenologische Feststellung, daß ich nur ein einziges Ich kenne, nämlich meines. Alles andere ist etwas, materialistisch gesagt, das mir über die Sinne zugetragen wird. Ich bevölkere die Welt mit Menschen im Grunde nur durch Induktionsschlüsse. Ich sehe, daß viele in etwa so aussehen wie ich, ich höre, daß viele so sprechen wie ich, ähnliche Dinge tun, essen, ähnliche Gedanken mitteilen. Dennoch unterscheide ich mich grundlegend von ihnen. Ich kann zum Beispiel ohne Hilfsmittel mein eigenes Gesicht nicht sehen. So wie ich mein eigenes Gesicht nicht ohne Hilfsmittel sehen kann, so kann ich auch das Ich von anderen nicht sehen, oder eben nur mit einem Hilfsmittel. Grundsätzlich aber verwenden wir solche Hilfsmittel eher nicht, sondern wir begnügen uns mit einem einfachen Induktionsschluß. Da ich in der Welt der raumzeitlichen Erscheinung anderen ähnele, schließe ich, daß in der Welt des Bewußtseins, des Ich, die anderen mir ebenfalls ähnlich sind und also ein Ich haben, welches ich aber niemals werde erkennen, sondern immer nur werde erschließen können. Schopenhauer hat einmal etwas ähnliches über den Willen, also das Subjekt einer Erscheinung, gesagt. Daß das Ding an sich, der Wille, in den anderen raumzeitlich erscheinenden Dingen, hier: Menschen, anwesend sei, ist nicht zu sehen, weil ja das Ding an sich nie sichtbar ist, sondern eben nur in Erscheinung tritt, und hier z. B. in

Form eines Menschen. Nur ich, als Subjekt, fern der Welt der Erscheinungen da draußen, kenne diesen Willen aus unmittelbarer Identität mit ihm. Mein Induktionsschluß ist aber, nun auch bei anderen eben jenen Willen zugrunde zu legen. Kurzum, das Ich ist nicht sichtbar, aber das Ich eines alten Säufers und Tyrannen bei Dostojewski wird mir immer noch hundertmal sichtbarer als zum Beispiel das Ich sämtlicher meiner ehemaligen Lehrer, Mitschüler, meiner Verwandten *et cetera*. Die Literatur ist nämlich ein Hilfsmittel, um ein Ich sichtbar zu machen. Dostojewski strebte dieses Hilfsmittel an, er wollte es benutzen und tat es. Meine Umwelt tat es überhaupt nicht. Deshalb waren literarische Figuren für mich eher ein Ich als die Menschen, unter denen ich lebte und die sich um ihr Ich nicht scherten, wenn sie denn eines hatten, was ich, wie gesagt, bis heute nicht weiß und immer nur induzieren könnte.

Ich war also den Büchern ähnlicher als den Menschen, oder anders gesagt, die Bücher waren dem, was die Menschen von sich behaupteten (nämlich Menschen zu sein, bewußte, erlebende, fühlende, leidende, wahrheitsorientierte), näher als diese selbst. Die Bücher waren eigentlich die Menschen. Ich muß hier vorausgreifen auf etwas, das mir erst später klarer wurde und das ich damals so noch nicht hätte sagen können: Nämlich daß ich, wenn ich von Büchern rede, natürlich immer von Menschen rede, nämlich von denen, die diese Bücher geschrieben haben, auch wenn ich sie gar nicht kenne außer nur in ihren Büchern. Ich sage noch einmal, mich interessierte nie irgendeine literarische Kunstform, mich interessierten nie interessante Themen, mich hat überhaupt noch nie das Interessante interessiert, und Literatur ist für mich auch kein Gegenstand des Interesses, sondern etwas ganz anderes. Mein Vorausgreifen bezieht sich darauf, daß ich damals, noch ohne den Gedanken denken zu können, zwar bereits spürte, daß solche Autoren wie Dostojewski oder Hamsun, nein, sagen wir solche Menschen wie Dostojewski oder Hamsun mir näher waren, mir verwandter waren als die Menschen meiner Umgebung in Friedberg in der Wetterau. Aber damals wußte ich noch nicht, was Schreiben ist, und deshalb sah ich zuerst nur die Bücher und in ihnen noch nicht die Autoren. Und tatsächlich war ich damals nicht von Dostojewski begeistert, den ich nicht kannte, aber vom Idioten war ich begeistert, und von den Brüdern Karamasow auch, und vom Zauberberg auch, aber noch nicht von Thomas Mann, das kam etwas später.

Meine Umwelt fand mich zunehmend komischer. Auch meine Altersgenossen fanden mich immer komischer. Mir selbst glitt immer mehr aus den Händen. In der Schule wurde ich immer schlechter, weil mir der vorn stehende Lehrer vorkam wie ein Mensch, der eine Sprache spricht, die er selbst nicht versteht, in bloß angelernten, repetierten Worten. Ich begann zu begreifen, daß sich die Menschen gern komplizierte Fragen stellen und sich gern in komplizierte Materien hineinbegeben, weil man da eine Zeitlang Schritt für Schritt voranschreiten und sich auf diese Weise suggerieren kann, man befinde sich auf einem Weg, sagen wir zu einer Erkenntnis. Dabei sah ich in ihren Spezialmaterien nur eine Ablenkung von der Tatsache, daß sie vor dem Einfachen kapituliert hatten. Die einfachen Fragen, die vermieden sie. Das machten die Bücher nicht. Die Bücher, Dostojewski, Mann, Hamsun, Proust, fragten immer die einfachsten Fragen, und zwar auf eine, wie mir schien, verhältnismäßig aufrichtige und verhältnismäßig einfache Weise. Seltsam übrigens, daß die Menschen um mich herum die komplizierte Formelsprache ihres Chemielehrers für irgendwie doch noch natürlich, den Zauberberg aber für etwas total Undurchdringliches, Anstrengendes und Ermüdendes hielten.

Später habe ich gelernt, daß die Menschen gerne auch literarische Werke für kompliziert und deren Erschaffer für intellektuell planend und sehr gebildet halten. Sie sprechen also über Literatur ähnlich wie mein damaliger Schullehrer über Chemie, also kompliziert und in Schritten, als gehörte zu all dem Bildung, Intellekt und Abstraktionswillen und als sei Literatur irgendwie etwas Gehobenes. Sie erklären die Fragen, die ich damals hatte, für die eines Sechzehnjährigen, dessen Eigenart es ist, solche Fragen zu stellen, weil er noch jung ist und nicht erwachsen, und wenn sich die Fragen für mich bis heute keinen Millimeter verändert haben, da ich achtunddreißig bin, dann machen sie plötzlich meine Fragen intelligenter, als sie sind, machen sie abstrakter, gebildeter, als sie sind. Aber bei den jungen Menschen denken sie, sie seien sozusagen krank, also noch nicht erwachsen, und stellten sich deshalb, quasi aus Irrsinn oder hormonellem Rausch, gewisse Fragen. Die sogenannten Erwachsenen haben alle diese Fragen, die sie früher hatten, für sich freilich nie beantwortet, sondern irgendwann außer acht gelassen oder vergessen, vielleicht haben sie deshalb ein schlechtes Gewissen, vielleicht sind sie nie erwachsen geworden, weil es das gar nicht gibt, sondern haben sich selbst nur verraten, und darüber müssen sie sich hinwegtäuschen, indem sie ihre eigenen Wurzeln verleugnen und ihre früheren Fragen für eine Art von Krankheitszustand erklären. Mich erinnert das an Verbrecher, die die Zeugen ihrer Tat auslöschen wollen und zugleich alle anderen für Verbrecher erklären müssen, weil sie es sonst nicht ertragen könnten.

Als ich meinen Job als Referendar aufgab, erntete ich heftige Proteste in meiner Deutschklasse, elftes Schuljahr. Sie fragten mich: Warum hören Sie auf, Herr Maier, warum lassen Sie uns im Stich? Ich antwortete: Leute, ich habe euch ein Jahr unterrichtet, bitte versteht, ihr seid im Verlauf dieses Jahres für mich geradezu zu einem Vorbild geworden, ich möchte so bleiben, wie ihr seid, ich möchte nicht wie diese Menschen im Lehrerzimmer sein. Ich weiß, daß jeder von euch in ganz wenigen Jahren genauso sein wird wie die da, aber ich, Entschuldigung, rette jetzt meinen Arsch, und wißt ihr, wer mich auf diesen Gedanken gebracht hat? Ihr. Sie buhten mich dafür zwar aus, aber sie verstanden mich irgendwie auch. Damals schrieb ich an dem ersten Roman, für den ich später einen Vertrag bekommen habe, und ich habe oft gedacht, ich müßte dieser Klasse meinen Roman widmen. Ich habe dieser Klasse, jedem einzelnen und jeder einzelnen in ihr, sehr viel zu verdanken, mehr als vielen anderen Menschen, denen ich später, besonders auch im Literaturbetrieb, begegnet bin. Diese Menschen in der Klasse haben mir, als ich achtundzwanzig war, eine Haltung vorgelebt, da waren sie siebzehn, die ich bewunderte und bis heute bewundere, auch wenn ich lieber nicht wissen will, was aus ihnen geworden ist, aber ich hoffe, das Beste.

Literatur stellt immer die einfachsten Fragen, zumindest die Literatur, die ich lese, also sagen wir Dostojewski oder Mann oder Tolstoj oder Proust oder Hamsun oder Shakespeare oder Stadler oder Kurzeck, auch wenn diese Autoren von allen ständig verkompliziert und in Diskurse eingebettet werden. Die Einbettung eines Autors in einen wissenschaftlichen Diskurs, das ist, wie wenn man eine Ratte in ein Untersuchungskorsett spannt, mit Kabeln daran und Meßgeräten. Alle diese einfachen und einfachsten Fragen werden von der Literatur übrigens nie beantwortet, sondern immer nur gestellt, darin ähnelt die Literatur insgesamt Jesus Christus, der auch nie Antworten hatte, zumindest nie Antworten auf Fragen nach dem Leben unter den Menschen, nur Antworten auf Fragen nach dem Leben vor Gott, ehrlich gesagt, wie ein sogenannter Jugendlicher, auch wenn jener schon über Dreißig war, älter als ich damals in der Schule. Und wenn man dann sagt, daß das Leben der Menschen auf der Lüge beruht, hauptsächlich auf ihr, dann lachen sie, also die Menschen, auf und winken ab und behaupten, daß das ja wohl das Banalste ist, was man sagen kann. Ihre Sprache ist eine Lüge, wie sie ja selbst sagen und freimütig bekennen, sie halten das sogar für den banalsten und lachhaftesten von allen Sätzen, und deshalb ist ihre Sprache unangreifbar, und ich habe leider nur dieselbe. Aber wem man die eine Backe hinhält, dem halte man auch die andere hin, und überdies verurteile ich ja niemanden vor Gott und mache mir auch von niemandem ein Bild, ich verurteile nur Sätze und Handlungen. Ich verurteile ja auch keinen Mörder, sondern nur einen Mord. Ich verurteile keinen Lügner, sondern wenn überhaupt, dann nur die Lüge. Ich verurteile die Gemeinde nicht, ich kann nur ihr Beten in der Kirche nicht hören, aber damit urteile ich die Personen nicht ab, sondern nur ihr Tun. Der liebe Gott will, daß ich in der Gemeinschaft der Gläubigen sei, und das bin ich ja auch, aber nicht in der Gemeinschaft der Gesellschaft, und deshalb gehe ich nur sehr selten in einen Gottesdienst, weil ich die Handlungen der Menschen meistens nicht glaube und daher ablehne, aber nicht die Menschen selbst, die zu verurteilen ich schon gar kein Recht habe, und sie zu beurteilen auch nicht. Aber verbrüdern muß ich mich mit ihnen in ihren Handlungen nicht, denn das tun sie mit mir ja auch nicht.

Nun noch ein erstes Wort zum eigenen Schreiben. Das erste, was ich schrieb, waren, glaube ich, fiktive Briefe. Briefe, in denen ich erzählte, warum ich so aus der Welt, das heißt aus der Menschengruppe, herausfiel. Also aus allen, auch meinen Altersgenossen. Es hat für mich ja noch nie einen Unterschied gemacht, ob ein Mensch drei und Kleinkind, sechzehn und pubertär-adoleszent oder vierzig oder siebzig ist. Da ich grundsätzlich nicht an Zeit und Raum glaube, war mir das Alter von Menschen immer egal. Sie sind immer, was sie sind, zu jeder Zeit, jeder einzelne ist immer er selbst. Auch aus meinen pubertär-adoleszenten Altersgenossen fiel ich heraus, darüber z. B. schrieb ich diese Briefe. Es waren keine Briefe an den lieben Gott, aber fast. Es waren Briefe an den unbekannten Menschen, obwohl ich sie nie so nannte. Ich erinnere mich an einen dieser Briefe, da schrieb ich fünf DIN-A4-Seiten über die Bank, auf der ich am Nachmittag gesessen hatte. Da kamen Menschen vorbei, dann wieder kamen keine vorbei, es stand da ein Baum, die Bank war neben einer Sparkassenfiliale, die inzwischen längst dichtgemacht hat, im Krämer, die Friedberger wissen, wo das ist, falls Friedberger hier sein sollten. Ja, sehen Sie, jetzt werden Sie vielleicht sagen, typisch für einen Fünfzehnjährigen: er grenzt sich ab und aus. Er erfährt zum ersten Mal, daß es die Welt gibt und daß es ihn gibt, und dann schreibt er Briefe an den unbekannten Menschen oder sogar an den lieben Gott, wenn auch nur fast. Allerdings habe ich diese Briefe mit drei Jahren nur deshalb nicht geschrieben, weil ich mit drei Jahren noch nicht schreiben konnte, aber immerhin konnte ich schon einen Konditionalsatz sagen, wie gesagt den, wie ich heute vermute, wichtigsten meines Lebens. Indem ich diese Sätze hier schreibe und Ihnen jetzt gerade vorlese, diese Sätze vom lieben Gott und den Briefen fast an ihn, muß ich an das Satiremagazin Titanic denken, das solche Sätze von mir liebt und mich daher gerne auf die Seite »Sehr geehrter Herr bzw. sehr geehrte Frau soundso« setzt, um mir da einen Stilspiegel vorzuhalten. Ich halte die Leute von der Titanic tendenziell nach wie vor für die einzigen, die Personen wie mich überhaupt annähernd begreifen können. Ich zitiere einige Sätze aus meinem heutigen Vortrag:

»Die Differenz ist etwas, das sich um sich selbst dreht, nämlich indem man die Differenz denkt.« Welche Differenz nochmal? Nun, wie hieß es vorhin: »Ich habe immer wieder erlebt, daß meine Sätze, die ich spreche, ganz ähnlich den Sätzen klingen, die andere über sich und ihr Leben sprechen, und dennoch zeigt sich irgendwann jenseits des Wortlauts eine Differenz, die bei näherer Betrachtung immer größer wird.« Sehr verehrte Damen und Herren, daß sich eine Differenz jenseits eines Wortlauts zeigen und dort auch noch näher betrachtet werden können soll, ist doch mindestens merkwürdig. Noch ein Zitat: »Das Verweigern einer Sache ist der einzige wirkliche Beweis für das Leiden an dieser Sache, womit ich mit Leiden so etwas wie die Folge von Unaushaltbarkeit meine.« Da könnte man genausogut gleich sagen: Das Verweigern einer Sache ist der einzige wirkliche Beweis für das Verweigern dieser Sache. Das wäre auch lebensphilosophisch ratsamer, man muß ja nicht an einer Sache leiden, um sie zu verweigern, das geht doch auch gleich so, ganz ohne Leiden. An was denn überhaupt leiden? Ach ja, an der Differenz. War es das? Maier leidet an der Differenz. Schreiben Sie also folgendes mit: Maiers erste Vorlesung, der Autor sagt, Grund seines Schreibens sei das Leiden an der Differenz. Das ist doch handlich. Und wenn man Sie fragt, was denn der Autor damit meint, dann sagen Sie einfach: Die Differenz ist etwas, das sich um sich selbst dreht, nämlich indem man die Differenz denkt. Ihr Gegenüber wird aha sagen und anschließend fragen, wie denn dieser eigenartige Autor seine Vorlesung überhaupt nennt. Ich, werden Sie sagen. Er nennt seine Vorlesung Ich. Damit werden Sie mich meinen.

2.

Form (I)

Meine sehr verehrten Damen und Herren, als Kind hatte ich verweigert und saß im Keller und baute Dinge nach Bauplänen mit vorgefertigten Teilen, die anderen hatten alles gemacht und vorgegeben, ich führte es lediglich aus, ein bequemes Leben und ein einfacher Werkprozeß. Ich sprach aber auch vom schlechten Gewissen und daß es so nicht weitergehen konnte. Später lernte ich andere Ichs kennen, allerdings erfundene, nämlich in Büchern. Die Welt der Menschen da draußen selbst funktionierte nach Regeln, die ich nicht kannte und bis heute nicht kenne. Dann sprach ich von den ersten Briefen, den Briefen an den unbekannten Menschen oder fast an den lieben Gott. Allerdings las ich keine Briefe, ich habe zum Beispiel die Briefe Dostojewskis nie gelesen. Ich las Romane. Ich sprach davon, daß mir Literatur ein Hilfs- und Überlebensmittel unter den Menschen als Marsmenschen war. Damit meinte ich vor allem erzählende Literatur. Ich meinte nicht Briefe, auch nicht fiktive Briefe, bei denen jemand auf einer Parkbank sitzt und beschreibt, wann jemand vorbeikommt und wann nicht, und was er sich in seinem fünfzehnjährigen Kopf so dabei denkt, und wie er versucht, sich seine Differenz begreiflich zu machen, die er seit dem dritten Lebensjahr erlebt, seit seinem Tag im Kindergarten, der zugleich der letzte Tag eines glücklichen und gelungenen Lebens war, denn anschließend wurde alles anders, wie immer nach dem ersten Mal.

Kommen wir also zum Schreiben. Natürlich strebte ich irgendwann an, große Romane zu schreiben. Mindestens fünfhundert Seiten, das war mein Wunsch. Ich liebte gerade die dicken Romane, so ist es bis heute. Ich wollte ja unter Menschen sein und nicht allein, ich wollte auf lange Distanz unter ihnen sein, unter solchen wie ich, also unter Ichs, und jedes Ich kann natürlich nur in meinem Kopf stattfinden, sonst wäre es kein Ich, sondern sonst wäre es stumm, draußen, handelte nach eigenen Gesetzen, die ich nicht kenne, und vergruppte sich. Warum ich solche Romane selbst schreiben wollte, warum ich damit begann, kann ich nicht sagen. Ich wollte keine anderen Ichs schaffen, das war es nicht. Ich tat es einfach so, aus einer Art Nachmachen, aus demselben Grund, aus dem heraus ich damals auch ein Instrument zu lernen begann. Bei dem Instrument hatte ich einen Lehrer, er sagte mir, was ich zu tun hatte. Beim Schreiben sagte es mir niemand. Ich begann große Romane, ich malte sie mir aus, und nach etwa einer Seite, manchmal nach zwei, im seltensten Fall nach drei Seiten war Schluß, und der Roman blieb unvollendet liegen. Ich weiß nicht, wie oft ich das machte, vielleicht fünfzehn, vielleicht vierzig Mal, keine Ahnung. Mir wurde durch das Scheitern klar, daß ich es überhaupt nicht konnte. Die anderen konnten es, nicht meine Umwelt, aber die Autoren, Hamsun, Dostojewski, die konnten es, ich nicht. Warum? Natürlich, sagte ich mir, aus Mangel an Talent. Du willst einen Roman schreiben und kommst nicht über den Anfang hinaus, du produzierst dauernd Romane, die unvollendet liegenbleiben nach höchstens drei Seiten. Das war natürlich frustrierend. Ich las zu der Zeit hauptsächlich Thomas Mann. Dostojewski ist zwar der wichtigste Autor meines Lebens, abgesehen von Matthäus, dem Evangelisten, aber Dostojewski hatte ich zu einer Zeit gelesen, in der ich überhaupt noch nicht daran dachte, daß Bücher auch von Menschen geschrieben werden. Was ich in die Hand nahm, waren ja Bücher, nicht Menschen. Thomas Mann war der erste Autor, den ich näher kennenlernte, in seinem Lebensweg und in seinem Werkweg. Thomas Mann ist im übrigen aus einem bestimmten Grund beruhigend. Er hat am Anfang kleine Erzählungen geschrieben, und die lagen mir zwar sehr wegen der verhunzten, dauernd scheiternden Personen darin, aber sie sind eben klein, und auch wenn sie vom verehrenden Publikum fast ausschließlich als Werke eines Meisters, wenn auch eines noch jungen, bezeichnet werden, so sind sie dennoch, ehrlich gesagt, nicht besonders gut. Viel einfacher gestrickt als die Buddenbrooks oder der Zauberberg. Die frühen Erzählungen Thomas Manns machten mir Hoffnung. So etwas kannst du doch vielleicht auch hinkriegen, irgendwie, dachte ich damals, da war ich siebzehn. Zum Beispiel diese Raucherstudie, diese paar Seiten, die überall gedruckt worden waren und als Thomas Mannsche Weltliteratur um die Welt gingen, so etwas könntest du, Andreas, doch auch hinbringen, nicht weil du um die Welt gehen willst, sondern weil du überhaupt einmal wenigstens einen Text hinbringen willst, das heißt zu Ende. Also rauchte ich und schrieb eine Raucherstudie, mit dem frustrierenden Ergebnis, daß ich mir sagen mußte, daß es das ganz offenbar schon einmal gegeben hatte und von mir gerade bloß kopiert worden war. Sitzt einer herum, betrachtet seine Rauchschwaden, sitzt dabei möglicherweise noch vor leerem Papier und schreibt darüber, wie er vor dem leeren Papier sitzt. Was ich geflissentlich ausblendete, war, daß Thomas Mann damals, zeitgleich zu seinen Erzählungen, bereits an einem jener Romane schrieb, die für mich ganz wichtig sind, nämlich den Buddenbrooks. Mann war ein Genie, ich nicht, aber vielleicht konnte ich so etwas hinbekommen wie seine kleinen Erzählungen, die ja, wie gesagt, jeder druckte, obwohl sie nicht genial waren. Ohne Sie enttäuschen zu wollen, aber ich scheiterte natürlich auch an kleinen Erzählungen. Ich brauchte zwei Jahre, bis ich zum ersten Mal eine Erzählung von dreizehn Seiten zusammenhatte, sie hieß, glaube ich, Holunder. Ich möchte gleich noch auf diese Erzählung zu sprechen kommen, die keiner je lesen wird, weil ich sie kurz darauf weggeworfen habe, vorher will ich aber noch auf die anderen, nie zu Ende gebrachten Erzählungen eingehen. Eine handelte von jemandem, der, glaube ich, zu einer Theateraufführung wollte, aber es nicht bis über eine Parkbank hinaus schaffte, und dann kommt ein Landstreicher dazu, der dem Mann auf der Bank jede Selbstsicherheit, die er ohnehin kaum hat, raubt, man sieht hier schnell die Dichotomie von Bürgerlichkeit und Gegenteil, also kurz Thomas Mann. Eine andere Erzählung, die sich nach einer Seite zu einem Roman auswuchs, um nach zwei Seiten nicht mehr weitergeschrieben zu werden, handelte von einem Sohn aus einem nicht armen Elternhaus, da wird die Bibliothek der Mutter beschrieben, der Vater kommt einer repräsentativen Arbeit nach, der Sohn findet sich auf der Dekadenzstufe wieder, kurz: Thomas Mann. So ging das. Ich habe auch eine, sogar zu Ende geschriebene, Tonio-Kröger-Kopie verfertigt, junger Mann befindet sich vorübergehend in kleinem Ort in Italien und begegnet dort, nachdem er laszive Feste auf dem Dorfplatz erlebt hat, einer Künstlerin, die ihn in den Unterschied zwischen Kunst und Leben einweiht. Ja, solche Dinge habe ich geschrieben. Ich hatte im Keller nur nach Bauplan gearbeitet, und jetzt hatte ich keinen Bauplan, so flottierte ich frei. Holunder, die erste ans Ende gekommene Erzählung, das war ganz eindeutig Alfred Andersch. Ich hatte den Vater eines Mörders gelesen und schrieb über eine Schulstunde, in der ein offenbar musisch feinfühliger Schüler aus allem herausfällt und sich ganz in die Holunderblüte vor dem Klassenfenster versteigt. Nein, ich muß mich korrigieren, entschuldigen Sie, es ist zwanzig Jahre her, daß es diesen »Text« nicht mehr gibt. Er hieß Flieder, nicht Holunder, er hieß Flieder sogar auf französisch, *lilas*, wenn ich mich recht entsinne. Ich hatte auch tatsächlich Andersch gelesen, aber vorher die Verfilmung gesehen, jene Hans-Abich-Produktion mit Hans Korte und einer ständigen Bach-a-moll-Fuge im Hintergrund. Lassen Sie mich kurz bei dem Thema verweilen. Man kann an dem Andersch-Text schön herausmeißeln, was mich an ihm einnahm und was mir völlig egal an ihm war. Worum geht es in dieser Erzählung aus dem Jahr 1980? Da kommt in Wittelsbach in einem Gymnasium der Rex in die Klasse während einer Griechischstunde. Unter den Schülern Franz Kien, der mal Schriftsteller werden will. Der Rex ist natürlich der Vater von Heinrich Himmler und eine Bestie aus bestem humanistischen Haus. Der junge Himmler, Heinrich, ist für Kien dagegen ein prima Kerl, obgleich Nazisympathisant. Kiens Vater ist kriegsversehrt, kann die Familie nicht mehr ausreichend unterstützen, steht kurz vor einer Amputation, und Franz Kien erhält seit einiger Zeit von der Schule ein Stipendium. Also, der Rex kommt in die Klasse, prüft den Kenntnisstand einiger Schüler, legt sich mit einem adligen Klassenmitglied an, und schließlich kommt Kien dran, der gar nichts weiß und infolgedessen sein Stipendium wohl verlieren wird, womit der Familie endgültig die Wirtschaftsgrundlage entzogen würde. Am Ende saut der Rex, Herr Oberstudiendirektor, auch den Lehrer, Dr. Kandelbinder, jung, schlank, Brille, herunter. Kien geht nach Hause, ihm ist alles egal.

Sie sehen, Motive wie aus dem Lehrbuch, und alles interessant. Vornazizeit, interessant. Himmler, interessant. Himmlersche Familienkonstellation, interessant. Man interessiert sich ja in gewissen Kreisen für die englische oder spanische Herrscherfamilie, und in anderen Kreisen interessiert man sich gern für die Himmlers und Goebbels und Hitlers. Darf ich eine Anekdote anfügen? Ich bin, in den höheren Gesellschaftskreisen, zur Zeit des Hitlerfilms Der Untergang, einmal durch eine Stadt gefahren worden, ich sage nicht, durch welche, zu einer bestimmten Veranstaltung, in einer Limousine, zu welchem Zweck ist ganz egal, und man sprach über Emmy Göring. Die kannten sich in der Familie der Frau, mit ihrem Stammbaum *etcetera* sehr gut aus, es fiel mehrfach das Wort tolle Frau, eindrucksvolle Person usw. Ich möchte das nicht angreifen, aber ich denke, durch so etwas werden ähnliche Nerven stimuliert wie die, welche das Goldene Blatt und dergleichen stimulieren. Ich habe zu alldem immer gesagt, ich kenne diese Leute nicht, ich bin ihnen persönlich nie begegnet, weder Prinz Charles noch Heinrich Himmler und Konsorten. Aber auch höhere Gesellschaftskreise von heute scheinen sich für höhere Gesellschaftskreise von damals zu interessieren, es ist ja gerade einmal siebzig Jahre her, und die Herleitung gesellschaftlicher Stellung durch ein entsprechendes Umfeld, sozusagen die *translatio auctoritatis*, kann sich auch auf eine Zeit zwei Generationen vor unserer Zeit beziehen, das macht der Adel ja auch. Wer kannte nicht alles Gründgens und spricht noch heute ständig davon, um sich in Stellung zu bringen, bewußt oder unbewußt.

Kurzum, Andersch, Motive wie aus dem Lehrbuch, sehr konstruiert, aber meisterhaft konstruiert, ein Mann von großem Handwerk, doch an sich keine Literatur für mich, keine zentrale, dafür sind die Motive viel zu direkt und viel zu vorgegeben und kanonisiert. Dennoch blieb ich bei einigen Dingen automatisch hängen. Ich liebte die Anfälle des Rex, Hans Korte. Das hatte Melodie, das war wie Gesang. Und ich sah, wie Kien all dem nicht zuhörte, vorn tobte die Welt in Form des Rex, und Kien schaute lediglich zum Fenster hinaus, eine Situation, die ich selbst immer noch täglich erlebe und bis ans Ende meines Lebens erleben werde. Da war sie, die Dichotomie, das Ich und das Ihr, und der Andersch-Film fand dafür ein schönes Bild, nämlich einen Fliederstrauch vor dem Fenster des Wittelsbacher Gymnasiumsklassenfensters. Kien steht inzwischen vor dem kleinen, bösen Korte, der fragt ihn irgend etwas nach einer Griechischform, und Kien schaut für einen kurzen Moment über die Schulter, draußen ist ein warmer Tag, und dort ist er kurz zu sehen, der lilafarbene, leuchtende Flieder. In diesem Flieder kommt alles zusammen. Diese Haltung oder Nichthaltung dem Geschehen gegenüber, dieser kurze Blick, diese kurze Kameraeinstellung, der Flieder gegen diese Hans-Korte-Fresse, das war etwas. Dieser Flieder, ich weiß gar nicht, ob er im Text oder nur im Film vorkommt, war mir wichtig. Wie gesagt, der Vater eines Mörders ist mir eigentlich zu konstruiert, die Motive zu kanonisch, zu interessant, aber dieser Flieder und die Anfälle des Rex, das machte mir den Film unabdingbar und später auch den Text, auch wenn Hans Korte in ihm gar nicht vorkommt. In diesem Flieder sah ich etwas, das flackerte einen Moment auf, und dieser Moment hat mich für mein ganzes Leben mitgenommen, so sind die Augenblicke in der Kunst, die für mich die einzig wichtigen und entscheidenden sind, denn ich führe ja keinen intellektuellen Diskurs mit der Kunst, ich wüßte auch nicht wozu. Ja, einen Kien schaffen, der aus der Welt ebenso herausfällt, oder sagen wir aus einer Unterrichtsstunde, aber in einem Werk, das ohne Himmler und Vater auskommt, ohne den kriegsbeschädigten Vater, überhaupt ohne die Nazizeit, der wäre mir lieber gewesen. Und doch, durch den Flieder wurde alles zu einer Geschichte, die ich bis heute liebe und nicht missen will. Andersch würde sowieso widersprechen und sagen, aber genau darum sei es ihm doch gegangen, um genau all diese Motive, sonst hätte er es doch nicht zu erzählen brauchen. Da hat er natürlich recht, aber mir ging es darum, zu zeigen, was ich an so einem Text nicht brauche, eben weil es interessant ist. Franz Kien hätte sich aus all dem auch ohne Rex und Griechisch und Himmler und Nazizeit verabschieden können, und vielleicht ist ja das Schöne am Text von Andersch, der mich mein Leben lang begleiten wird, wofür ich ihm dankbar bin, daß er sich von seinen Motiven vielleicht sogar etwas löst und man am Franz Kien merkt, daß er jenseits seiner interessanten Konstruktion doch aus viel mehr besteht.

Zurück zu der Erzählung Flieder, der ersten, die ich vollendete, wobei vollendet hier nicht emphatisch gemeint sein soll. Es war die erste Erzählung, bei der ich ein Ende geschrieben hatte und wußte, oh, das ist ja das Ende, das Ende deiner ersten Erzählung. Nötig wäre es im übrigen nicht gewesen, denn diese vollendete Erzählung war zugleich ein vollendeter Mist. Sie hieß also *lilas*, französisch. Sie spielte, dreimal dürfen Sie raten, denken Sie an meine Kriegsflieger nach Bauplan mit vorgefertigten Teilen ... sie spielte in einer Schulstunde. Da ich nie auf einem humanistischen Gymnasium war und mir Griechisch damals völlig unbekannt war, *estin axia häde hä chora epaineisthai*, es lohnt sich, dieses Land zu loben, der Satz an dem Kien scheitert, wie sagte der Rex so schön: Es lohnt sich nicht, *ouk axia estin*, es lohnt sich nicht, Franz Kien zu loben; also da ich an einem solchen Satz nicht scheitern konnte, weil ich gar kein Griechisch konnte, spielte *lilas* in einer Französischstunde. Es ging um einen Schüler, der nicht ich war, aber vielleicht doch auch irgendwie, wie auch alle meine späteren Figuren, die positiven ebenso wie die Arschlöcher. Alle Figuren sind ja immer ich, sie müßten denn von einem anderen geschrieben werden, und selbst wenn Adolf Hitler bei mir auftreten würde, was ich nicht hoffe, so wäre ich das auch. Also, dieser Schüler verfolgt eine Französischstunde, ich versuche mich an den Handlungsverlauf zu erinnern. Der Schüler ist, glaube ich, in ein Mädchen in der Klasse verliebt, vielleicht auch in eines in einer anderen Klasse, so wie ich ja auch immer grundsätzlich dauernd verliebt war, aber vielleicht war der Schüler auch in seine Französischlehrerin verliebt, was ich nie war, denn meine war eine Dame kurz vor der Pensionierung. Zumindest ist draußen Sonne, der Unterricht sinnlos, wie die ganze Schule, wie diese ganze Menschengesellschaft mit ihren seltsamen Handlungen, und möglicherweise war mein Schüler müde und am Dösen, wie ich früher immer, es sei denn bei der Literatur oder den Mädchen und der Musik. Ich erinnere mich an folgendes genau und versuche es jetzt im nachhinein zu interpretieren: Am Ende fällt die Sonne ins Haar der offenbar noch nicht pensionsreifen Lehrerin, im Gegenteil, und mein Schüler sieht darin plötzlich die Farbe des Flieders. Flieder, *lilas*, war offenbar auch irgendwie Unterrichtsthema, die Vokabel war vermutlich in der Stunde gelernt worden, stand vielleicht sogar an der Tafel, und am Ende vermischte sich meinem müden Schüler alles, seine Müdigkeit, seine Mitschülerin, in die er verliebt war, seine Lehrerin, in die er vielleicht verliebt war, die ganze Welt vermischte sich in der Sonne und ihren Haaren, als läge darin eine Erlösung, als sei das das Aufscheinen von etwas, das die

Welt, und sei es nur die des Klassenraums, transzendiert, es war die Geschichte einer Auflösung. Offenbar hatte ich auch in Franz Kien immer eine Auflösung gesehen, eine eher metaphysische, und deshalb die politischen Motive außer acht gelassen. Nun löste ich auch auf, überhaupt habe ich alle meine Hauptfiguren immer aufgelöst. Das ist sowieso ein Hauptzweck, meine Figuren aufzulösen. Sie lösen sich in der Welt, also unter Ihnen, meine sehr verehrten Damen und Herren, auf wie Salz, das man in ein Wasser gibt. Sie versalzen das Wasser zwar, wie ich in meinem Leben auch schon vielen etwas versalzen habe, aber sie lösen sich in ihrer Struktur völlig auf. Meine Erzählung *lilas* war streckenweise eine einzige Alfred-Andersch-Paraphrase, ich weiß sogar noch, daß ich sie in blaurotfarbiger Tinte mit einem Federhalter auf eine Art Büttenpapier schrieb, das ist die Wahrheit, damals war ich noch Ästhet, wenn auch noch kein Schriftsteller. Heute schreibe ich mit Elektroschrott, aber das nur am Rand. Aber lassen Sie mich noch kurz bei *lilas* bleiben, der Erzählung mit dem unerträglich affektierten französischen Namen. Warum überhaupt französisch? Ich hatte ja auch Englischunterricht. Warum keine Englischstunde? Die Antwort können Sie sich vermutlich fast selbst geben. Weil ich Marcel Proust las. Weißdorn, Flieder, Gebüsch, das einem irgendwie philosophisch-phänomenologisch zum Thema wird ... wie gesagt, Stukas bauen mit Revell war einfacher, jetzt flottierte ich frei, und heraus kamen Bastarde. Ich kombinierte sozusagen eine Spitfire mit einer Messerschmitt oder dergleichen. Möglicherweise spielte auch Debussy eine Rolle, ich war ja damals hauptsächlich nicht Schriftsteller oder Schüler, sondern Instrumentalist, ich wollte ja Musiker werden, im Gegensatz zu Schriftsteller, diesen Wunsch als Berufswunsch hatte ich so eigentlich nie. *Syringa vulgaris*, das ist der Flieder. Syrinx ist eine Nymphe, die auf der Flucht vor Pan in einen Flieder (in den meisten Versionen allerdings in Schilfrohr) verwandelt wird. Das entsprechende Lied mit dem Text von Pierre Louys, der auch Pornographisches geschrieben hat und gerne mit Debussy ins Bordell ging (aber das nur am Rand), das Lied also beginnt mit den Worten: Pour le jour des Hyacinthies, il m'a donné une syrinx faite de roseaux bien taillés. Für den Tag der Hyazinthen hat er mir eine Flöte aus Schilfrohr gemacht, das Lied heißt auch noch *La Flûte de Pan*, da kann man sich einiges dabei denken, zumindest bei dem Wort *Flûte*, und dann noch der schwere Duft der Hyazinthen und des Flieders, da wird es gleich ganz lasziv, moderne Anakreontik im Boudoir. Also, auch daher kann mein Titel gekommen sein, *lilas*, ich zumindest glaube mich daran zu erinnern als Archäologe meiner selbst, denn das ist schon lange her, sehr lange, und stammt aus einer Zeit, wo ich noch nicht wußte, was das ist, Schreiben, oder besser gesagt, was mein Schreiben ist, denn ich habe nur eines, aber damals hatte ich es noch nicht, damals hatte ich noch allgemeine Vorstellungen, wie wahrscheinlich die meisten von Ihnen hier im Saal, wenn Sie noch nie geschrieben haben und folglich noch nie gescheitert sind und Schreiben nach wie vor für eine Fähigkeit halten, obgleich es etwas ganz anderes ist.

Ich habe mich an *lilas* lange nicht erinnert, wozu

auch. Ich hatte früher einen Blecheimer, in dem ich diese Dinge verbrannte, dieser Blecheimer begleitet mich bis heute, nicht weil ich nach wie vor Erzählungen verbrenne, ich schreibe ja gar keine mehr, aber zum Beispiel die Briefe irgendwelcher Mädchen, die mir seit meinem Romandebüt teilweise scharenweise hinterhergelaufen sind, sie plötzlich mir hinterher und ich nicht mehr ihnen, diese Briefe verbrenne ich nach wie vor in diesem Blecheimer, aber auch das nur am Rand. Briefe aus Frankfurt zum Beispiel, Briefe aus Potsdam, sie enden alle in derselben Asche. Indem ich über *lilas* spreche, mache ich jetzt sogar ein schon damals vorhandenes Grundmotiv aus, das wird mir erst jetzt bewußt. Tatsächlich, die Auflösung, die Auflösung der Figur in ihrer Bewußtseinskontinuität, das war von Anfang an ein Leitmotiv, wenn nicht das Leitmotiv. Keine Vernichtungen, keine irgendwie von außen begründeten Irritationen oder Verunsicherungen. Auch keine Epiphanien oder dergleichen. Es ging um die Auflösung eines Selbst. Wie soll ich das interpretieren? Meine Damen und Herren, ich weiß ja nicht, ob Sie ein Ich sind, ich weiß nicht, was Sie sind, Sie sitzen da und denken jetzt bestimmt, ja, natürlich bin ich ein Ich, wie kommt denn der Maier zu all dem? Gut, aber Sie werden mir zugestehen, daß Sie zum einen diesen Gedanken, daß auch Sie ein Ich sind, nicht in meinem Kopf denken und auch nicht in meinem Kopf denken können, wie ich ihn auch nicht in Ihrem Kopf denken kann, auf den ich ja nur mittels Induktion komme, und daß Sie zum anderen wahrscheinlich auch niemals einen so komischen Gedanken äußern würden wie den, den ich eben geäußert habe. Denn wahrscheinlich halten Sie mich für etwas Ihnen Ähnliches. Und der einzige Unterschied zwischen Ihnen und mir (*nota bene* wie auch schon zwischen meiner Familie und mir) ist, daß ich das eventuell abstreite. Folglich zitiere ich erneut den Titanic-fähigen Satz: Die Differenz ist etwas, das sich um sich selbst dreht, nämlich indem man die Differenz denkt. Nicht, daß ich behaupten will, daß der Satz dadurch sinnvoller oder weniger redundant würde. Aber einer meiner Vorsätze war ja, ich darf mich wieder zitieren: »Vielleicht gelingt es mir innerhalb der fünf Vorlesungen, wenigstens eine Ahnung bei Ihnen zu erzeugen von dem, was diese Differenz ausmachen könnte und was mich aus vielerlei herausfallen läßt, aus dem Sie möglicherweise nicht so herausfallen.« Die Sprache geht immer an den Dingen vorbei, es sei denn die Sprache Jesus', vielleicht bei Matthäus, der alles klar benennt, obgleich es augenscheinlich keiner versteht, aber egal. *Lilas* habe ich in einem Blecheimer verbrannt, wie alles frühere auch. Verbrennen macht Spaß, sage ich Ihnen. Ob meine Professoren an dieser Universität hier jemals Dinge von sich verbrannt haben, ich weiß es nicht. Von dem, was ich mit sechzehn, siebzehn, achtzehn geschrieben habe, existiert nichts mehr, wobei ich schon die Worte »geschrieben habe« und »existieren« zu hoch gegriffen finde. Ich hatte also, um es zusammenzufassen, eine ausgesprochene Thomas-Mann-Phase, dann kam die erste Erzählung, die hinten ankam, im fetten Duft der Hyazinthen und des Flieders, dann schrieb ich noch eine, die handelte von einer Gruppe Behinderter, die unter Führung eines Leiters am Ausgehtag ein Café aufsuchen und sich dort natürlich als viel erträglicher heraus-

stellen als die Unbehinderten, die anderen, also Sie,
meine Damen und Herren, beziehungsweise wir. Es gip-
felte irgendwie im Gedicht Gottfried Benns, Hör zu,
das ist der letzte Abend, an dem du noch ausgehen
kannst. Ich glaube sogar, die Erzählung hieß Waterloo.
Wenn ich micht recht entsinne, zitiert einer der Behin-
derten zum Schluß das Benn-Gedicht. Behinderte, was
für ein Wort. Komisch eigentlich. Ich habe nie in diesen
Kategorien gedacht. Sehen Sie, soweit kommt es, wenn
man frei flottiert. Alles sehr unangenehm.

Aber im nachhinein gesehen vielleicht auch notwen-
dig, denn ich wollte ja, wie gesagt, gar keine Erzählun-
gen schreiben. Erzählungen waren für mich ein Notna-
gel. Wenn ich bei einer Erzählung hinten, also am Ende,
ankam, war ich glücklich wie ein Sieger, aber besiegt
hatte ich lediglich mich, nicht die literarische Form. Ich
tat das, was ich nicht wollte, nämlich Erzählungen
schreiben, und die waren auch noch schlecht. Dennoch
versuchte ich weiter. Gottseidank scheiterte ich zuse-
hends an diesen Erzählungen, vielleicht habe ich so-
wieso nur drei ans Ende gebracht. Ich wußte damals,
wie gesagt, noch nichts über das Scheiben. Ein Gedanke,
der mir beispielsweise dauernd quälend im Kopf her-
umging, war: Was hast du eigentlich zu sagen, Maier?
Was willst du eigentlich erzählen, Maier? Könnte es
sein, daß du vielleicht gar nichts zu sagen hast? Könnte
es sein, daß du etwas erzählen willst, obgleich du gar
nichts zum Erzählen hast? Ich wußte bald, daß es so
war. Im Gegensatz zu offenbar allen anderen hatte ich
nichts zu erzählen. Und ich habe bis heute nichts zu sa-
gen, nicht das Geringste. Mehr noch, ich zweifle an je-

dem Autor, der etwas zu sagen hat. Und da die Wissenschaft ja geradezu auf diesen Gedanken angewiesen ist, zweifle ich natürlich auch an dieser. Die Wissenschaft macht Autoren und Texte gern intelligent, damit möchte sie sich selbst begründen, ein sinnloses Unterfangen, aber man schweigt darüber lieber. Es geht beim Schreiben gar nicht darum, daß man etwas zu sagen oder zu erzählen hat, es geht um etwas völlig anderes. Lassen Sie es mich von der anderen Seite angehen, von heute. Ich erlebe heutzutage andauernd, daß das Publikum auf mich zukommt und sagt, woher nehmen Sie nur Ihre Ideen, Herr Maier, herrlich, was Sie für eine Phantasie haben, unglaublich, welches Reservoir an Erzählmöglichkeiten in Ihrem Kopf ist, wo nehmen Sie das nur her? Diese Leute, also das Publikum ... sie glauben, ich hätte was zu erzählen und das, sozusagen von Natur aus, mitgebracht. Sehen Sie, genauso dachte ich damals auch, aber über die anderen. Ich dachte, die anderen hätten etwas von Natur aus mitgebracht, ich aber offenbar nicht, und deshalb mußte ich ja wohl oder übel scheitern. Ich hatte nichts zu sagen, ich dachte damals, es mangelt mir an der Grundvoraussetzung jeden Schreibens. Der nächste Schritt war, mich für blödsinnig und eitel und eingebildet zu halten, wenn ich mir noch weiter auf dem Papier suggerieren würde, ich würde schreiben, obgleich ich es doch gar nicht konnte und *de facto* auch kaum tat, mir kamen ja nur die wenigsten Erzählungen an ein Ende, und die waren auch noch alle so, wie ich sie nicht wollte, ich wollte ganz anderes, ich wollte Romane, aber wie sollte das gehen, wenn nicht mal Erzählungen gingen? Wollte ich wirklich über Flieder und

Französischstunden schreiben, über Behinderte in Cafés mitsamt Gottfried-Benn-Untermalung? Nein. Also ließ ich es bleiben, weil ich wußte, ich komme nicht in Frage. Damals war ich schon zwanzig.

Ich ließ es wirklich bleiben. Ich war zwanzig und gescheitert, wenn auch nur in einem Nebenfach, denn meine Instrumente waren mein Hauptlerngebiet, sie wollte ich spielen können, aber was die Literatur anging, das war schon etwas anderes, das war mehr ein Experiment. Wenn Sie einem Publikum eine Bach-Suite vorspielen mit siebzehn oder achtzehn Jahren, dann ist das etwas Meßbares. Wenn Sie zuhause sitzen und schreiben, und es liest keiner, ist da nichts Meßbares. Mit neunzehn fuhr ich zu Aufnahmeprüfungen für ein Musikstudium. Ich spielte Dowland, das ist ein Lautenist am englischen Königshof gewesen, vor einigen Jahrhunderten, dem ein oder anderen vielleicht bekannt. Ich spielte Silvius Leopold Weiß, einen deutschen Lautenkomponisten, der im Schatten Bachs völlig untergegangen ist. Ich spielte einen Brasilianer, den üblichen, ich spielte Spanier, ich saß unter fünfzig Gitarristen in einem Warmspielraum in Hannover an der Hochschule, manche flüchteten aus diesem Raum, setzten sich unter Treppenaufgänge, in Toiletten, wo es stank, setzten sich auf Mülltonnen im Hof, nur um den anderen zu entrinnen, und spielten sich gegeneinander warm, als sei Musik eine Konkurrenz, als sei sie etwas gegen die anderen und um andere auszuschalten. Das war furchtbar, ich wollte so etwas nicht. Das Leben als Konkurrenz gegen andere, nein, bitte nicht, dafür lese ich nicht Dostojewski oder zum Beispiel die Evangelien, um dann meinem Mitmenschen, ich sage ja nicht Mit-Ich, aber meinem Mitmenschen ein Wolf zu sein. Mit diesem Maß möchte ich nicht messen, auch wenn das automatisch in vielerlei Hinsicht den Untergang bedeutet. Aber das kann man bei Matthäus alles nachlesen, über die, die sich erhöhen, und die, die es nicht tun, auch in Hannover, auch im Warmspielraum. Die meisten hatten Kampfgesichter über ihren Gitarren, sie waren kampfbereit, die Gitarre im Anschlag, mit Bach als Munition, oder mit Dowland. Meinen Dowland, Fantasie Nr. 3, spielten mindestens noch vier andere, einer davon den stretta-Teil am Ende fast doppelt so schnell wie ich, und ich war doch nicht langsam! Ich hatte ein kleines Zimmer in einer Pension bei einer Hannoveraner Matrone, und sie verbot mir, als sie meine Gitarre sah, sofort, auch nur einen Ton in ihrem Haus von mir zu geben, ich saß also zwei Tage lang auf einer Bank am Eingang der Fußgängerzone, das war die nächstgelegene Bank, und wehrte Münzstücke ab, die man mir entgegenwarf, das schien mir doch ein zu großes Mißverständnis. Ich übte damals sechs Stunden am Tag, vielleicht relativiert das etwas, was ich bislang über das Schreiben erzählt habe. Dennoch begann ich Philosophie zu studieren, in Frankfurt am Main, und anschließend Germanistik, die Professoren gibt es teilweise heute noch, teilweise nicht mehr, und jetzt kommen ein paar ernüchternde Worte über mein Studium in Frankfurt am Main, allerdings rein subjektive Worte. Ich habe also mit Philosophie begonnen, warum? Das Thema Philosophie war an meiner Schule, an der ich nichts lernte, kein Thema, mehr noch, wenn ich den Lehrern anschließend, nach meiner Schule, erzählte, ich studierte Philosophie, es war das Burggymnasium in Friedberg in der Wetterau, dann verwechselten sie es und fragten mich zwei Wochen später, wenn ich sie wiedersah in der Wirtschaft, in der alle Friedberger Bier trinken: Und, wie ist es, Andreas, dieses Psychologiestudium? Ist es interessant? In der Tat machten sie alle aus dem Philosophiestudium ein Psychologiestudium, in der Wetterau ist das noch nicht so leicht zu unterscheiden, es klingt ja auch fast gleich. Ich sagte vorhin, ich hatte einmal eine Erzählung geschrieben, in der ein Zögling einer Familie etwas über die Bibliothek im Elternhaus im Thomas-Mann-Stil von sich gibt. Tatsächlich hatte meine Mutter eine solche Bibliothek. Mehr noch: Ich bin mit einer Mutter aufgewachsen, die die meiste Zeit im Bibliothekszimmer saß, handschriftlich Seiten vollschrieb und ihren eigenen Aussagen zufolge an einem Buch oder einem Werk arbeitete, und zwar theologischer Natur. In dieser Bibliothek fanden sich philosophische Werke und philosophische Prolegomena und Nachschlagewerke. In diesen hatte ich seit einiger Zeit gestöbert, und ich verstand natürlich kein Wort. Ich weiß noch, wie ich ein oder zwei Wochen mit dem Werk eines berühmten Mannes, der mir genausoviel sagte wie alle anderen auch, nämlich nur ganz wenig, es war Heideggers Sein und Zeit, wie ich also mit diesem Buch in einem kleinen Zimmer saß und las und las. Ich las nicht sehr viel, höchstens vierzig Seiten, denn ich verstand kein Wort, und besonders fertig machten mich die griechisch geschriebenen Worte, von denen ich vielleicht nicht einmal wußte, daß sie griechisch waren. Ich konnte also nicht einmal nachschlagen, weil ich die

Buchstaben nicht kannte. Ich komme zwar aus einem Haus, indem es eine Bibliothek gibt, aber meine Mutter entstammte keinem Haushalt mit Gainsboroughs an den Wänden, sondern, wie beim letzten Mal gesagt, einer Steinmetzfamilie. Mein Vater war und ist Steuerrechtler, eine Lebensaufgabe. Ich komme aus einer Familie, die, als ich zehn war, mir dauernd sagte, Kind, willst du nicht in einen Sportverein, die anderen gehen doch dauernd in einen Sportverein, du bist aber immer allein, das ist doch nicht gut, geh doch in einen Sportverein! Ich ging nie in einen Sportverein, später wechselten sie ihre Argumente und sagten, Junge, lern doch wenigstens ein Musikinstrument, mach doch irgend etwas Sinnvolles, lies doch wenigstens mal ein Buch. Ich las aber keine Bücher, ich war etwa vierzehn. Nur wenig später besuchte ich zwar immer noch keinen Sportverein, übte aber inzwischen mehrere Stunden am Tag mein Instrument, das fanden sie auch nicht normal, und wenn ich dann wochenlang ohne abzusetzen las, fanden sie das auch befremdlich. Später begann ich sogar zu laufen, ich lief dann etwa, ich mache ja alles immer exzessiv, zwanzig, fünfundzwanzig Kilometer, ohne Halbmarathonübungsprogramm, sondern einfach so und auch ohne die übliche Kleidung, die man kauft, um dazuzugehören, schon bevor man läuft, und auch das fanden sie höchst befremdlich. Dann begann ich Fahrrad zu fahren und fuhr über Zweitausenderpässe, auch das fanden sie geradezu krank. Aber dem Dreizehn- oder Vierzehnjährigen wagten sie zu sagen, geh doch in einen Sportverein, lies doch mal ein Buch. Als hätten sie je gelesen! Als wüßten sie, was das ist, Sport. Als wüßten sie, was das ist, Literatur. Als wüßten sie, was das ist, lesen. Ich wenigstens wußte bald, was das ist, Eltern. Also auf diesen Wegen kam ich an die Universität und studierte Philosophie, als sei da eine Welt zu gewinnen, in Frankfurt an der Johann Wolfgang Goethe-Universität. Ich möchte meine Erfahrungen im Fachbereich Philosophie an dieser Universität hier an einem Punkt festmachen, aber dafür muß ich ein wenig ausholen. Zuerst war ich den sogenannten Lehrveranstaltungen gegenüber indifferent. Die Dozenten hatten jede Menge Ahnung, ich keine. Nach einer Weile merkte ich, daß sich unter den Studenten gewisse Leute herauskristallisierten, die begannen, wie soll ich sagen, den Diskurs zu führen. Sie machten in ihren Redebeiträgen lange Ausführungen, sie schienen interessiert, die Redebeiträge schienen interessant, der Professor mußte auch immer darauf eingehen, das ist ja sein Beruf, aber auf den zweiten Blick schienen diese Redebeiträge bald nicht mehr interessant, sie reichten nur für den ersten Blick. Bald gab es Leute, die regelrecht einen Jargon sprachen, den Jargon der Frankfurter Philosophiestudenten oder vielleicht sogar des Fachbereichs. Sie versammelten sich in einem eigens in der Dantestraße eingerichteten Raum, dem Philosophencafé, und sprachen dort ihren Jargon, oder sie waren sich dafür schon zu schade, weil bereits am Rockzipfel eines Professors, und sprachen von dort aus ihren Jargon. Aber ein Jargon konnte nichts mit Wissen und nichts mit Erkenntnis und nichts mit Wahrheit zu tun haben, ein Jargon reproduziert sich selbst, die Wahrheit macht immer genau das Gegenteil, sie kann sich nicht selbst reproduzieren, denn dann wird sie sofort zu ihrem Gegenteil, man erlebt es in allen Institutionen, in allen Jargons, in allen solchen Bezugsrahmen. Gesellschaftlich geht Wahrheit immer verloren, auch wenn alle sich auf sie berufen, wie auch ich hier, denken Sie an den Satz über die Differenz und die Titanic, das Satiremagazin. Einmal nahm ich teil an einer Vorlesung über Philosophiegeschichte. Ich hatte einige Zeit zuvor Schadewaldts Vorlesungen über die Anfänge der Geschichtsschreibung bei den Griechen gelesen, aber ich konnte ja kein Griechisch. Arthur Schopenhauer, den sie hier nicht besonders mochten, vermutlich weil man mit ihm nicht machen kann, was man will, war schon so eine Art Leib- und Magenautor für mich geworden. Schopenhauer sagt, und mich machte das ein wenig nachdenklich, die Frankfurter Universität aber offensichtlich nicht, daß es völlig sinnlos ist, Philosophie zu studieren, wenn man nicht Platon lesen kann, das heißt in seiner Sprache. Das klingt natürlich wie die Aussage eines Menschen, der etwas verschroben ist. Und in der Tat gilt Schopenhauer ja als verschroben. Mich aber machte das eher nervös. Ich konnte kein Griechisch, ich konnte nicht einmal Latein. Einmal also nahm ich teil an einer Vorlesung über Philosophiegeschichte. Der Professor sprach über die Vorsokratiker, die Eleaten, er sprach, als wisse er Bescheid. Bei Epikur kam er auf jemanden zu sprechen, von dem ich nur in Philosophiegeschichten gehört hatte, der Mann hieß Lukrez, seines Zeichens Epikureer, allerdings kein Zeitgenosse, sondern römische Republik, weit nach Epikur, Jahrhunderte später. Sie kennen vielleicht die epikureische Lehre. Epikureer sind allesamt Atomisten, die den Körper und die Seele durch Teilchen erklären und bemüht sind, abzustreiten, der Tod könne etwas Übles oder überhaupt nur etwas Vorhandenes sein. Er ist für Epikureer nur eine Auflösung, also mein Leitmotiv, obgleich ich es ganz anders meine. Wo der Tod ist, bist du nicht, und wo du bist, ist der Tod nicht, sagen die Epikureer; wenn man es recht bedenkt, hat der Satz einen gewissen Zusammenhang mit dem Kantschen Satz, daß das Ich alle meine Vorstellungen begleiten können muß. Das Ich, würde Epikur sagen, kann seinen Tod nicht begleiten. Mit Kant gesehen ist das aber ein Kurzschluß. Ein Tod, mein Tod, wenn ich nichts von ihm weiß, der also als Vorstellung nicht von mir begleitet wird, kann nicht sein. Ich muß von ihm wissen, sonst ist er nicht für mich. Das Ich muß auch seinen Tod begleiten können. Ich glaube sogar, daß mein Tod nur sein kann, wo ich bin, alles andere scheint mir auf sehr verzwickte Felder zu führen, aber das nur am Rand. Epikur, wie der Mann selbst so war, ob glücklich oder doch sehr leidend und daher eher Arzt wider sich selbst, weiß ich nicht. Er verstarb zumindest an einer widerlichen Krankheit. Dennoch gelten die Epikureer leicht als die Larifaris, lagern gern im Gras am Bach und hauen sich die Bäuche voll mit Spezereien und Wein *etcetera*. Lukrez, den müssen Sie mal lesen! Das ist in Panik geschrieben. Das ist der Versuch einer Seelenberuhigung einen Schritt vor dem totalen Abgrund. Übrigens ein Geniestreich. Atomismus, das nachzuschreiben, das ist das eine. Aber daraus eine Abrechnung mit allen Lebensbereichen bis hin zum Sex und den Frauen zu machen, das ist noch mal etwas anderes. Lukrez, ein Mensch in Panik durch das Leben, der mit dem falschesten aller Mittel, nicht einer Seelenlehre, sondern einer Körperlehre, gegen seine eigene Seele anschreibt, ein tragisches Werk sondergleichen und Weltliteratur, nur leider von keinem gelesen, denn das kann man nur in seiner Sprache. Also, jener Philosophieprofessor mit seiner Philosophiegeschichtsvorlesung kam auf Lukrez als eine seiner Quellen für den Epikureismus und sagte, Lukrez, Altlatein, dunkel, schwer, kaum zu lesen. Wenn man Lukrez Altlatein und schwer nennt, dann suggeriert man, man könne Latein und all das beurteilen. Meine Damen und Herren, Lucretius Carus ist etwa 96 oder 97 vor Christus geboren, fast zur selben Zeit wie Marcus Tullius Cicero und Gaius Julius Caesar, nicht einmal vor, sondern nach ihnen, Cicero ist circa zehn Jahre älter, Caesar drei oder vier. Lukrez steht ganz kurz vor dem klassischen Latein. Man hat da noch ein paar alte Genitive, ai statt ae. Aber damals konnte ich kein Wort Latein, ich war einundzwanzig und glaubte dem Professor natürlich, er hatte ja Ahnung, und ich nicht. Es ging mir wie bei Schadewaldt, ich sah die Antike, ihre Sprache, ihre Unerreichbarkeit, ich sah Schopenhauer und wußte, da kommst du nie mehr hin, es ist vorbei. Du bist zu alt. Dann geschah ein Zufall. Ich mußte für den Philosophiemagister einen sogenannten Universitätslateinschein machen. Wissen Sie, was das ist, ein Universitätslateinschein? Das ist wie eine Führerscheinprüfung, in der man bloß geradeausfahren muß. Im Grunde eine Frechheit der Sprache gegenüber. Ich lernte zum ersten Mal Latein. Der Kurs war ganz leicht, man mußte nur Cäsar lesen und nur die dritten Personen lernen, weil andere bei Cäsar meist nicht vorkommen. Cäsar redet ja bekanntlich von sich in der dritten Person, was durch die besondere Form seiner Texte bedingt ist, die Rechenschaftsberichte an den römischen Senat waren (die literarische Form nennt sich *commentarius*, ich habe sie später im Roman Wäldchestag übernommen). Der Dozent war neu an der Universität, damals noch kein Doktor, er hieß Oliver Primavesi. Neben meinem Gitarrenlehrer war Primavesi, was die lebenden Menschen angeht, mein einziger wirklicher Lehrer. Beide möchte ich kurz charakterisieren. Ich komme aus einem kleinen Ort namens Friedberg in der Wetterau, da spielt der eine oder andere Gitarre, wie das so ist. Mein Lehrer war Dozent an der Musikhochschule in Heidelberg. Kaum hatte ich mit dem Unterricht bei ihm begonnen, ich war damals fünfzehn und schon ziemlich alt, wollte ich das Instrument auch studieren. Ich übte sehr viel, anfänglich drei bis vier Stunden täglich, später mindestens sechs. Ich lernte recht schnell. In Friedberg wurde ich hier und da angesprochen, auch von anderen Lehrern, die wollten, daß ich in irgendwelchen Trios oder Quartetten mitspiele, in Friedberg in der Wetterau. Mein Lehrer schaute mich, als ich dieses Begehren vortrug, kurz an, dann sagte er einen Satz, der sich mir eingebrannt hat. Wenn du gut werden willst, sagte er ... Meine Damen und Herren, bevor ich den Satz weiterführe, lassen Sie mich kurz diesen Halbsatz kommentieren. Ich wollte gut werden, aber das hat auch etwas Fürchterliches an sich. Der Satz ist fürchterlich, besonders mit dem gleich folgenden zweiten Halbsatz, er hat sogar etwas Unmenschliches, ich sprach ja vorhin schon von dem Phänomen Konkurrenz, aber ich wollte damals wirklich etwas lernen und mir nicht den eigenen Bauchnabel bepinseln, und ich glaube, beim Schreiben war es später auch so. Ich kann gesunde, machtbewußte, gut funktionierende Menschen nicht ausstehen, auch als Christ nicht, vor allem als Christ nicht, weil Jesus mich das nicht gelehrt hat, sondern eher das Gegenteil, und gesunde und machtbewußte Menschen bis hin zu Managerseminaren werden den Satz meines Lehrers unterstreichen, und dennoch war er mir in diesem Augenblick wichtig und ist mir später noch lange wichtig gewesen, besonders hinsichtlich der Autoren, die ich las, nicht zuletzt deshalb, weil ich Menschen, die vorschnell zufrieden sind, auch nie ertragen konnte. Machtmenschen nicht und vorschnell zufriedene nicht, beide treffen sich in einem Punkt. Ja, auch für die Literatur hat mir mein Gitarrenlehrer, er heißt Jörg Wagner, auch für die Literatur hat er mir, ohne es zu wissen, den Weg gewiesen durch eben jenen fürchterlichen Satz, und ich zitiere ihn jetzt vollständig: Wenn du gut werden willst, dann umgib dich nur mit solchen, die besser sind als du. Ich weiß, Jesus könnte einen solchen Satz nicht sprechen. Aber er klopft auch keine Schultern. Mein Gitarrenunterricht war das Gegenteil von Schulterklopfen. Mein Lehrer wußte, daß ich das auch nicht wollte. Beim Schreiben war es nicht viel anders. Ich ließ ja nie etwas stehen von dem, was ich tat. Und je besser ich mein Instrument beherrschte, desto klarer wurde mir, daß ich es nicht spielen konnte, obgleich ich schon damals auf Platten hören konnte, daß einige andere es auch nicht unbedingt virtuos beherrschten. Ich brauchte noch Jahre – irgendwann ließ ich das Instrument für fünf Jahre stehen –, bis ich mir zugeben konnte, daß ich das Instrument, nun ja, daß ich es wirklich beherrschte, zumindest einigermaßen. Bei Primavesi war es ebenso. Er lachte sich über den Lateinscheinkurs, den er gab, selbst tot und machte mir klar, daß im Grunde mein ganzes Studium völliger Unsinn war, solange es nicht durch Latein und Griechisch fundiert würde. Primavesis Unterricht war für den Kurs eine dauernde Überforderung, aber ich liebte das. Der Mann rekonstruierte jeden Fehler, den man machte, bis an seinen Anfang. Er ließ nichts und niemanden im Kurs in Ruhe. Gab jemand eine falsche Antwort, fragte er: Wie kommen Sie denn darauf, und die Frage meinte er ernst. Er zwang einen zur Antwort darauf. Es war ihm sogar egal, ob eine Frage falsch oder richtig beantwortet wurde, ihm ging es nicht um den Schein einer Antwort, man konnte ja auch zufällig etwas Richtiges sagen, sondern er wollte immer wissen, warum man diese und diese Antwort gegeben hat. Dic meisten haßten ihn. Sie machten den Kurs ja nur, weil sie den Schein brauchten, im doppelten Sinn des Wortes. Aber Primavesi, dieser antike Mensch, ging davon aus (das größte Mißverständnis aller Zeiten, auch an der Frankfurter Universität im Jahr '92), daß die Menschen lernen wollten. Die Menschen wollten aber nicht lernen, auch wenn sie diesen Kurs besuchten, sie wollten vielmehr in Ruhe gelassen werden. Sie wollten ihren Schein und in Ruhe gelassen werden. Sie wollten ihr Scheinstudium. Ich nicht, ich machte bei Primavesi das Latinum und das Graecum und studierte anschließend alte Sprachen. Die Brücke zu Schadewaldt war geschlagen. Ich war nicht zu alt gewesen, es hatte doch noch funktioniert. Die Hieroglyphen Heideggers waren meine tägliche Welt geworden. Kurz bevor ich schließe mit dem Studium, noch eine Rückkehr zu den Philosophen in Frankfurt am Main. Lukrez war kein schwerer Autor, sondern ein schöner. Die Lektürekurse, die ich in Griechisch besuchte, etwa bei Professor Voigtländer, hatten mit denen bei den Philosophen nichts zu tun. Einmal Protagoras mit Voigtländer zu lesen war mehr, als ich in fünf Jahren Philosophieseminar in Frankfurt erlebt hatte. Die Menschen wollen in Ruhe gelassen werden, auch in Frankfurt, auch bei den Philosophen, aber der liebe Herr Voigtländer ließ einen nicht in Ruhe. Ich sah einen Menschen vor mir, der sehr viel wußte und ganz darin lebte, der sozusagen selbst atmete, was er unterrichtete. Bei den Philosophen sprachen sie einen Jargon und hatten keine philologische Basis, damit wäre man bei Voigtländer aufgeschmissen gewesen, dort mußte man etwas wissen, jede Minute basierte auf erworbenen Fähigkeiten, die man nur erwirbt, wenn man sich nicht in Ruhe läßt. Ich möchte einen bei den Philosophen ausnehmen, einen Menschen, der übrigens Schopenhauer mochte, Professor Arend Kulenkampff. Ich studierte ja unter anderem zu den Zeiten der Uni-Boykotte wegen Überfüllung der Kurse. Draußen wurde gestreikt und boykottiert, und wir saßen zu siebt oder acht bei Kulenkampff und hielten das Seminar als Streikbrecher ab. Kulenkampff schaute durchs Fenster auf die protestierenden und demonstrierenden Massen da draußen und sagte, weil bei ihm immer nur sieben oder acht oder zehn Studenten ins Seminar kamen, seine Lehrveranstaltungen kämen ihm vor wie eine idyllische Enklave. Da hatte er recht. Er war langsam, und wir auch, und das war gut so, auch wenn das heute eher als Grund erscheint, diese Professur sofort zu streichen. Und über Schopenhauer sagte Kulenkampff, daß es über sein Vorstellungsvermögen gehe, wieviel dieser Mensch, also Schopenhauer, der zuerst eine Kaufmannslehre gemacht hatte, wieviel der in seinem Leben gelesen hatte und welche Sprachkenntnisse der Mann besaß. Ein Professor, der über Schopenhauer sagt, daß ihn dessen Arbeitspensum fassungslos mache. Das war ehrlich. Über Voigtländer hätte er vielleicht dasselbe gesagt, aber den kannte er ja nicht. Einmal, bei den Germanisten, nahm ich an einem Seminar teil über Schopenhauers Schrift über die Universitätsphilosophie, allerdings nur eine Seminarstunde lang, denn es war zu kurios. Schopenhauer schimpft an einer Stelle seines Werks sehr über den Universitätsbetrieb, a schreibt etwas, b schreibt eine Erwiderung, c schreibt über a und b, und das alles nennt sich dann Wissenschaft und müßte gar nicht stattfinden. Selbstreferentiell, hätte man damals hier an der Universität gesagt. Alle im Seminar fanden das gut und meinten implizit damit, Schopenhauer rede über andere, nicht aber über sie selbst. Schopenhauer redete aber natürlich genau über sie. Sie aber meinten sich auf der Seite Schopenhauers und dachten, er rede über die anderen. Die Menschen wollen in Ruhe gelassen werden und sich auf die bessere Seite stellen, das habe ich im Verlauf der Schule und des Studiums als den eigentlichen Hauptgegenstand meiner Schule und meines Studiums lernen und studieren können, damit beende ich meine Ausführungen über Frankfurt und meine Universitätserfahrungen.

3.

Form (II)

Meine sehr verehrten Damen und Herren, mein letzter Vortrag hieß Form, Teil eins, und ich habe in ihm keine Form gefunden, und jetzt kommt ein weiterer Vortrag, der heißt Form, Teil zwei, und darin muß ich jetzt so etwas vortragen wie eine Form, sonst wäre der Titel ja ganz sinnlos. Ich habe bislang von einer Verweigerung gesprochen, einer mit allen Konsequenzen, nämlich der Verweigerung des Kindergartens, und anschließend habe ich statt von einer Form von einem dauernden Scheitern gesprochen, einem Scheitern im Schreiben, und ich habe von den normalen Vorstellungen gesprochen, die man vom Schreiben hat, nämlich daß der Schreibende quasi ein Talent habe, daß er alles, was er schreibt, von seinem Talent nehme, das ihm sozusagen eingeboren sei, und daß er sowieso etwas zu sagen habe und das dann auch mit Absicht und auf geplante Weise sage. So war ich nie, aber ich dachte, wie wahrscheinlich Sie, die anderen, also die Autoren, die wir lesen, seien so. Ich werde heute also versuchen, eine Form vorzutragen, aber, entschuldigen Sie, durch das Gegenteil. Ich habe nämlich nie eine Form gefunden, zumindest nicht so, wie man es gemeinhin denkt. Bei Monty Python gibt es das Ministerium für besondere Gangarten, oder, wie es im Original heißt, *Ministry of silly walks*, es geht da um

Gehbehinderungen, die aber sehr virtuos sind. Es gibt eine ziemlich berühmte Briefstelle von Wittgenstein, ich glaube, an seine Schwester. Da geht es darum, daß sie ihn und vielleicht seinen ganzen Lebenswandel oder seine Verhaltensweise ihr oder irgendwem gegenüber eigenartig, vielleicht sogar beleidigend findet, ich vermute, im Sinne meines Titanic-Differenz-Satzes, der bedeutet, daß die meisten Menschen nur leben können, wenn alle Menschen auf jeden Fall gleich sind, gleich gut, gleich intelligent, gleich moralisch oder unmoralisch *etcetera*, was natürlich nicht zutrifft. Wittgenstein schrieb etwa folgendes zurück: Liebe Schwester, wenn du mich in dem, was ich tue, wie ich bin und so weiter, komisch findest, dann ist es so, als sähest du eine Person vor deinem Fenster, die seltsame Bewegungen macht, und da du dir diese Bewegungen überhaupt nicht erklären kannst, hältst du diese Person ebenfalls für seltsam, und vor allem ihre Gangart. Wittgenstein imaginiert sich also als jemanden, der gerade aus dem Monty-Python-Ministerium kommt, eben beim *silly walk*. Wittgenstein weiter, immer dem Sinn nach: Dabei läßt du außer acht, daß die so seltsam verrenkte Person da draußen gerade gegen einen Sturm ankämpft, also gegen Wind, von dem du im Zimmer gar nichts bemerkt hast. Meine Literatur und ihre Form ähneln einem *silly walk*, und wenn ich hier über ihre Form reden werde, dann stimmt das zwar zum einen, es gibt wirklich eine Form, aber es ist eben die eines Menschen, der ins Ministerium für *silly walks* gehört. Es gibt dort ungeheuer virtuose Gangarten, man könnte sie geradezu bewundern und für genial halten, für artistisch, wenn man nicht wüßte, daß sie aus einer

Behinderung entstanden sind und daß Gehen normalerweise etwas Normales und nicht weiter Auffälliges bedeutet, im Gegensatz zum *silly walk*. Literatur ist, vermute ich, eine Form des Nichtkönnens, die dann zu einer besonderen Gangart wird, wie jedes Nicht-normal-Laufenkönnen zu einer besonderen Gangart wird, die aber den meisten nicht interessant scheint, es sei denn bei Monty Python. Genug der Vergleiche. Meine Form ist ein Umgang mit meinem Nichtkönnen, und deshalb kann ich sie nicht Form nennen und bleibe daher dabei, daß ich keine Form habe, sondern eine Behinderung, auch wenn es nach außen natürlich so wirkt, als hätte ich eine Form und hätte diese auch so geplant. Aber von vorne. Mit fünfundzwanzig habe ich wieder angefangen, zu schreiben, und plötzlich hat etwas funktioniert. Es wurde sofort ein Text, der viel länger war als alles, was ich zuvor geschrieben hatte, etwa einhundertdreißig Seiten, so etwas wäre fünf Jahre vorher geradezu unglaublich für mich gewesen. Die Erzählung war insgesamt wieder völliger Mist, aber dennoch versammelten sich plötzlich wie von selbst Dinge in ihr, an die ich später automatisch anknüpfte. Es ging um einen Wetterauer, also einen Mann aus der Landschaft, in die ich selbst hineingeboren worden bin, um von dort aus die Welt zu sehen, wie sie ist, mit Wetterauer Augen, das prägt, kann ich Ihnen sagen. Dieser Wetterauer war Jurist, vielleicht auch Notar, ich weiß es nicht mehr. Er hatte eine persische Frau, fragen Sie nicht, warum, ich weiß es nicht. Die Frau hat, da beginnt die Erzählung, ihren Mann gerade für drei Tage verlassen, um Verwandte zu besuchen. Sie kommt nach Hause, ich glaube, nach Bruchenbrücken, das ist einer dieser Orte, die schon Besuch von AidA hatten, kennen Sie AidA? AidA ist eine Aktion der Hessenschau, da werden Orte mit weniger als soundsoviel Bewohnern ausgelost, die dann Besuch vom Drehteam bekommen und in der folgenden Woche fünf Minuten in der Hessenschau sind, AidA heißt »Aufbruch in den Alltag«, eine Erfindung des hessischen Fernsehens, schon lange vor Ver.di, der Gewerkschaft. Also, die persische Frau kommt zurück nach Bruchenbrücken und findet dort ihren Mann nicht vor, sondern nur eine Anzahl leerer Flaschen, vor allem Ginflaschen. Sie fährt dann in die Bärenschweiz, eine Wirtschaft, und lernt einen Algerier namens Abdelkadar kennen. Von diesem Abdelkadar, der eigens in die Bärenschweiz gekommen ist, um die Gattin des Notars oder Juristen zu suchen, erfährt sie, daß ihr Mann vor ein paar Tagen hier in der Bärenschweiz mit dem Algerier und noch einem Menschen getrunken habe und daß daraus eine wilde Aktion entstanden sei, nämlich eine gemeinsame Reise nach Marrakesch, und diese Reise endete in einem, dreimal dürfen Sie raten, Bordell, in dem es allerdings recht philosophisch zuging, die Bordellwirtin, glaube ich mich zu erinnern, hält einen Diskurs über Raum und Zeit, der ziemlich nahe an dem ist, was ich auch immer über Raum und Zeit sage, nämlich daß beides gar nicht existiert. Die Bordellwirtin ist schon über fünfzig, fett und abgehalftert, quasi als epische Ausstattung ihrer Zeitverweigerung. Es gibt übrigens noch einen Ich-Erzähler. Der erfährt alles erst einmal über Telefon, er ist, glaube ich, Hausmeister in einem Priesterseminar. Der reist dann auch nach Marokko, um seinen Bekannten zu finden. Tatsächlich findet er ihn am Ende auch, da steht dieser traurige, abgehalfterte Hesse vom Land in einem Loch von Zimmer herum, daß heißt, er sitzt auf einer Bettkante, hält einen sehr tristen Monolog und erzählt, wie es ihm in Abwesenheit seiner Frau ergangen sei, ganz unwichtige, aber sehr traurige Dinge werden da berichtet, Zeugnisse einer, wie Sie vielleicht sagen würden, Lebensuntauglichkeit; wie er versucht, sich ein Spiegelei zu machen, was nicht gelingt, es wäre immerhin sein erstes selbstgemachtes gewesen, oder wie er sich mit einem Glas Gin vor den Fernseher setzt, schon nachmittags um drei, um sich eine Telekollegsendung Mathematik im Bayerischen Fernsehen anzuschauen, von der er nichts versteht. Eine Telekollegsendung am Nachmittag, das war für mich beim Schreiben geradezu erschütternd. Ich möchte nur nebenbei erwähnen, daß dieser arme Wetterauer, arm wie wir alle, in Marrakesch mit einem verschwundenen britischen Atomwissenschaftler verwechselt wurde und daher in gewisse mißliche Lagen kam. Die Erzählung hatte inhaltlich, wie Sie sehen, zwar kaum funktioniert, aber dennoch waren zwei Dinge da, die im Grunde den Anfang meines Schreibens bedeuteten, die erste Zelle, aus der das spätere entstand. Erstens: Die Erzählung war eine Ich-Erzählung, aber es gelang an keiner Stelle, den Ich-Erzähler irgendwie in die Handlung einzubinden, er erlebte zwar alles, was es da zu erleben galt, von der Wetterau bis Marrakesch, aber er tat nichts, war nur über alles immer sehr verwundert und sprach sehr wenig, so wie ich auch meistens, wenn ich vor der Welt stehe, dieser Gruppe mit ihren eigenen

Gesetzen. Als auktoriale Erzählung hätte ich das aber nicht schreiben können, weil dann die Verwunderung, das Staunen und die Passivität eines betrachtenden Ichs gefehlt und schon der Ton des ganzen Textes nicht funktioniert hätte, weil da doch immer etwas Subjektives, etwas Wertendes drinsteckt in meinem Ton, in meinem Ton wie in meiner ganzen Person, denn ich bewerte ja dauernd, und so tat es auch die Erzählung. Zweiter Punkt: Fast alles, was da an Geschichte über jenen Wetterauer zu erfahren war, wurde binnen dem Text erzählt. Der Anfang war ein Telefongespräch. Dann folgten Erzählungen der persischen Frau, eben daß sie ihren Mann für einige Tage allein gelassen habe, ihn jetzt nicht wiederfinde *etcetera*. Dann erzählte der Algerier in der Bärenschweiz über den Wetterauer in Marrakesch. Der Ich-Erzähler macht im ganzen Text nur folgendes: Er gießt gerade die Rhododendren im Priesterseminar, dann klingelt das Telefon, dann packt er schnell einen Koffer, fliegt nach Marrakesch, steigt dort in ein Taxi, wird auf kuriosen Wegen in ein Restaurant geleitet, bleibt dort eine Stunde, dann steigt er noch eine Treppe hinauf und findet im selben Gebäude den Hessen. Mehr macht er nicht. Fast alles bestand aus erzählter Erzählung. Weder hatte die Ich-Erzählung funktioniert, noch hatte die auktoriale Erzählweise funktioniert, es war ein hölzernes Eisen, und dazu war alles auch noch völlig verschachtelt, weil ich ja dauernd sagen mußte, wer gerade was sagt und wer gerade wen zitiert und so weiter. Im wirklichen Leben ist das nicht so schwer, da fehlt immer eine Instanz, die nämlich, die gerade spricht, sie ist kein Text, sie spricht ihn nur. Im Text ist aber der, der

Text spricht, auch Text, es kommt immer noch eine weitere Instanz hinzu, a sagte, daß b erzählte, wie c d gefragt habe, ob dieser e getroffen habe. Das wird schnell lindwurmartig. Im Theater ist es da leichter. Im Theater sagt a Sätze wie: b hat gesagt, daß er c getroffen hat. In der Prosa müssen Sie, zumindest dem Sinn nach, a ebenfalls explizieren und seinen Akt des Sagens auch, also: a sagte, b habe gesagt, er habe c getroffen. Das ist sofort Kanzleistil. Episches Erzählen müßte so etwas eigentlich nicht tun, weil es beim epischen Erzählen einen Erzähler gibt, der die Dinge erzählt und unmittelbar zu den Lesern spricht, unmittelbar hier in einem genau definierten Sinn gemeint, in anderen Hinsichten spricht er ja oft sehr vermittelt. Aber formal erzählt der Erzähler unmittelbar, d. h. er muß nicht sagen, »ich erzähle«, so wie Sie beim Sprechen ja auch nicht einleitend sagen: »Ich sage«. Sondern Sie sprechen einfach. Wie gesagt, im epischen Erzählen ist das nicht nötig, weil das Erzählen der Akt des Sagens ist. Nur leider hat mein Erzähler schon immer sehr wenig zu sagen gehabt, zumindest seitdem meine Texte irgendwie funktionieren. So wie ich als Mensch ja auch nichts zu sagen habe außer den einfachsten Dingen, etwa daß der liebe Gott die einzige Wahrheit ist und wir falsch sind, oder solche Dinge. Ich habe offenbar zu den allermeisten Dingen keinerlei Meinung, nicht einmal ein Verhältnis, und deshalb kann ich in meinen Büchern niemanden positiv darstellen, der zu den Dingen, außer zu den einfachsten, also der Frage nach wahr oder falsch, nach ja oder nein, nach dem lieben Gott, ein Verhältnis hat. Ich habe ja inzwischen gelernt, daß das Verhältnis der meisten Menschen zu den

Dingen das des Interesses ist, die schalste Form des Verhältnisses, die es geben kann. Ich interessiere mich für gar nichts. Mir sind gewisse Dinge wichtig, sie beinhalten mein Sein, das ja, oder haben es verändert im Sinne von »sichtbarer gemacht«, aber Interesse habe ich an gar nichts, nicht einmal am Ficken, ich hatte auch früher nie Interesse an den Mädchen, ich hätte es so nicht genannt, aber stellen Sie sich das doch einmal vor, Sie würden sich sagen, Sie hätten Interesse an Mädchen, Sie hätten Interesse am Ficken! So redet doch keiner! Das wäre doch komisch! Obwohl, vielleicht ist es so, vielleicht haben die Menschen sogar auch Interesse am Ficken, d. h. eigentlich gar kein Verhältnis dazu, kein anderes als, sagen wir, zum Fernsehprogramm, das ja meist in der Kategorie »interessant« gesehen wird, hast du gestern die interessante Sendung über Staudämme in Nordfrankreich gesehen? Hast du Goethes Haus am Frauenplan gesehen? Ja, das war interessant. Da standen so interessante Dinge. Aber die interessanteste Frage ist, ob Goethe all die Frauen auch gefickt hat. Ich war neulich ein paar Tage im Goethehaus und habe immer wieder diese Frage gehört, natürlich nicht in diesem Wortlaut. Die Besucher, meist etwas bejahrtere Leute, dazwischen natürlich blutjunge Schulklassen, fragten sich das oft, der Mann war ja ein Genie, ein Maximalgenie, und ein Frauenbesitzer, er kam ja sogar auf über zehn, wobei wir alle doch in unserem Leben selten über zehn kommen, und wer kommt schon über zwanzig, selbst Goethe nicht, und das alles ist doch interessant, auch im Goethehaus, auch in Weimar. Also, mein Erzähler hatte nie etwas Interessantes zu erzählen, und er konnte auch keine Figuren erzählen, die etwas Interessantes erzählen. Mein Erzähler konnte nur immer Figuren, die etwas Interessantes erzählen, kommentieren, kurzum blamieren, so wie sich vor mir auch immer jeder blamiert, der etwas Interessantes erzählt, also etwas, was er interessant findet, und dabei habe ich doch schon den Kindergarten verweigert, den die meisten vielleicht sogar auch interessant fanden, denn irgendwoher müssen sie ja ihr schales Verhältnis zu den Dingen haben, oder ist es ihnen wirklich angeboren? Ich hatte einmal einen Lektor, der mir sagte, die Leute reden bei mir nicht wirklich interessant. Dieser Lektor unterschied sich von den Figuren in meinem Buch aber nie, wie Sie alle wahrscheinlich nicht, wenn Sie sich für etwas interessieren, diesen Schritt konnte der Lektor aber nicht nachvollziehen. Es ging mir auch bei manchen Kritikern so, es gibt da Leute, die sitzen in großen deutschen Tageszeitungen und interessieren sich für dies und das. Lernen Sie diese Menschen mal kennen, die Sie täglich lesen. Das ist mitunter grauenhaft, sage ich Ihnen. Eine einzige Selbstblamage. Aber dazu werde ich in meinem letzten Vortrag kommen, Teil fünf, der wird dann heißen Der Betrieb.

Mein erster Text spielte also in Marrakesch, und das ist natürlich sehr interessant, wobei ich gleich zugeben will, daß ich noch nie in Marrakesch war und vermutlich auch nie hinkommen werde, denn es gibt dafür ja gar keinen Grund. Der Text kam für mich schon deshalb nicht infrage, weil in ihm Marrakesch vorkam. Klar, das war bloß ein Fluchtpunkt, der Wetterauer sollte weit weg sein, einen Kontinent weiter, und da war Marrakesch noch das nächste vom Fernen, auch hierin könnte man fast eine Heimatverbundenheit sehen, zwar einen Kontinent weg sollte die Handlung sein, aber da dann wenigstens in der allernächsten Stadt, nicht etwa in Kinshasa oder in Los Angeles. Im übrigen trifft mein Wetterauer Erzähler in Marrakesch lediglich einen Taxifahrer, der offenbar Asiat ist, einen italienischen Gastwirt und einen Frankfurter, er trifft also auf ein Romanpersonal, auf das er in Frankfurt hätte ebenso treffen können, aber meinen Wetterauer konnte ich, als seine Frau für drei Tage weg war, doch nicht nach Frankfurt gehen lassen, das hätte doch keiner geglaubt, vielmehr, das hätte doch keinen interessiert, aber mich im nachhinein schon. Sie sehen, wo der Hase läuft. Ich selber bin von der Wetterau immer maximal bis nach Frankfurt gegangen, aber ich war noch nicht soweit, es auch im Text zu tun.

Der nächste Text spielte auch in der Ferne, vielleicht auch, weil es interessant war. Er spielte zeitlich in der Ferne, räumlich spielte er in Staden in der Wetterau, das Romanpersonal kommt maximal bis Effolderbach, das ist bei Ortenberg, wenn Ihnen das etwas sagt. Der Text war sozusagen historisch, er spielte 1982 zur Zeit der sogenannten Friedensbewegung. Auch dieser Text funktionierte, wenn er denn funktionierte, über erzählendes Erzählen, über Berichte, die im Text gegeben werden. Ich habe diesen Text noch, da ich diese Vorlesungen hier aber gerade in Rom schreibe, heute, Schreibdatum ist, um eine kleine Flaschenpost unterzubringen, bei mir in Rom der fünfzehnte März, während jetzt bei mir und Ihnen, während ich vorlese, der sechste Juni ist, vor einer Stunde habe ich Pizza gegessen, das ist die Wahrheit, in Rom, mein Computer sagt mir, daß der ehemalige jugoslawische Staatspräsident Milošević, den ich nicht kenne, heute nach Jugoslawien überführt worden sei, tot, wie ich erfahre, also kurz, hier in Rom, wo ich gerade nicht bin, weil ich ja eben vor Ihnen stehe, aber dennoch: hier in Rom liegt mir der Text nicht vor, der bis nach Effolderbach kommt, während ich, verkehrte Welt, jetzt schon bis Rom komme, er hieß Die Stadener Kette. Der Text trägt schon klarere Merkmale meiner Nichtform als Form, das heißt, ich versuche bereits, mit meiner Nichtform ein Auskommen zu finden und an Lösungsmöglichkeiten zu arbeiten. Worum geht es? Eine junge Frau namens, ich glaube, Sophie, ist verschwunden. Ein Student in München, der aus der Wetterau kommt, wie ich, erfährt das am Telefon. Also genau derselbe Anfang wie in Marrakesch. Damals war es noch der Hausmeister eines Priesterseminars, jetzt ist es ein Student, aber im Jahr '82, damals war ich fünfzehn. Er leiht sich den VW-Bus eines Kommilitonen und fährt damit in die Wetterau, um diese Person zu suchen. Sie sehen, erst fuhr man bei mir nach Marrakesch als dem nächsten der fernen Orte, jetzt fährt man bereits in die Wetterau, als sei sie ein Ziel. Unterwegs sammelt mein Protagonist, ich weiß seinen Namen leider nicht mehr, und er wird auch nie zum Protagonisten, nur zum Schluß einmal, also unterwegs sammelt er an einer Tankstelle ein paar ziemlich junge Demonstranten auf, die trampen. Der Text besteht aus vier Teilen. Teil eins, da lernt man ein wenig die verlorengegangene Frau kennen, immer durch mündliche Berichte anderer, während das Romanpersonal sich lediglich mit dem VW-Bus von

München Richtung Wetterau bewegt. Auf einer Landstraßentankstelle geht der Protagonist, der keiner ist, für eine Weile verloren, und zwar dadurch, daß er sich in der Toilette einschließt und dabei das Schloß kaputtgeht; er kommt erst nach Stunden frei, weil ihn keiner bemerkt. Währenddessen sind die jugendlichen Tramper längst von der Polizei mitgenommen worden, weil sie etwas zum Rauchen dabeihatten und die Polizei an diesem Tag alles und jeden kontrolliert, an diesem Tag ist nämlich eine Menschenkette durch die gesamte Bundesrepublik, die damals noch kleiner war als heute, geplant, wider den Nato-Doppelbeschluß, man erinnert sich vielleicht daran. In Teil zwei trampt mein Protagonist dann selbst bis in die Wetterau weiter, geht in eine Kneipe, die *Dunkel* in Friedberg, und erfährt dort, wie die verschwundene junge Dame neulich in eine schwierige Situation mit einem Wetterauer namens Vogler gekommen war. Vogler, an den erinnere ich mich einigermaßen gut. Seine Mutter abgehalftert, immer im Bett liegend oder im Morgenrock, und zu Hause bei ihnen hängt immer ein Jugoslawe herum, der Liebhaber der Mutter. Vogler, ein Wetterauer Schicksal. Irgendwie gab es Streit mit amerikanischen GI's, und daraus resultierten Komplikationen für die verschwundene Frau. Teil drei, da geht es dann nach Staden, wo die Verschwundene wohnte. Dort erfährt man wiederum eine andere Geschichte, die die Frau ebenfalls etwas bedroht haben muß, da geht es um einen älteren Herrn, der ihr hinterhergeiferte, dann war sie, glaube ich, bei der Frau des Mannes, der ihr nachgeiferte, und die war ebenfalls völlig abgehalftert und litt zudem sehr darunter, daß ihr

Mann in eine tierartige Brunst jener Sophie gegenüber verfallen war. Irgendwie kommt in diesem Kapitel auch noch eine Polin vor, aber wie gesagt, der Text liegt mir nicht vor, er liegt irgendwo in einem hessischen Keller. Ich sammle ja nur frühe Motive. Letzter Teil, Finale. Die jungen Tramper sind jetzt wieder dabei, sie haben es auch in die Wetterau geschafft, man trifft sich in der Nähe von Effolderbach, weil man irgendwie herausbekommen hat, und zwar über einen zufällig dazugekommenen, völlig depressiven Journalisten der Hessenschau (dem der Anfang des vierten Teils gehörte), daß Sophie im Dorfkrug in Effolderbach sitzt bzw. sich dort, offenbar einfach um all den stressigen Geschichten der letzten Tage zu entgehen, einquartiert hat, die Wetterauer Welt war kurzzeitig über ihr zusammengebrochen, sie brauchte eine Auszeit, wie später auch über dem Protagonisten meines ersten publizierten Romans, Wäldchestag, die Wetterauer Welt, also die gesamte Welt, zusammenbrechen wird, woraufhin er einen Antrag auf Bewilligung einer Erholungskur stellen wird, dieser Antrag ist dann der Roman selbst, aber zurück ins Jahr '82. Mein Protagonist und die Tramper und noch ein anderer Wetterauer Freund, alle sind jetzt auf dem Weg nach Effolderbach, weil sich das Rätsel endlich gelöst hat und sie jetzt wissen, wo Sophie ist, nämlich im Krug. Grund ihres Rückzugs, ihrer Verweigerung also, war, daß sie es unter den Wetterauern, die ja nur sind wie alle anderen auch, nicht ausgehalten hat, und ihre Freunde wollten nun zu ihr. Mitten durch Effolderbach jedoch geht die Kette. Die Kette der friedliebenden Menschen, die für den Frieden demonstrieren und gegen die Raketen oder zumindest glauben, das zu tun. Die Kette ist so fest geschlossen, das heißt, um es mit einem berühmten Lied zu sagen, die Reihen sind so fest geschlossen, daß man meine Protagonisten nicht durchlassen will, dabei wollen sie nur in den Krug. Dispute entstehen. Lehrer schalten sich ein, die ihren Kindern mit dramatischer Bläue in den Augen, als ginge es um das Äußerste, einschärfen, die Reihen fest geschlossen zu halten, sie seien für den Frieden, die anderen seien nicht für den Frieden, und für den Frieden stehe man hier zusammen *etcetera*. Was konkret vorliegt und warum diese Menschen vom VW-Bus in den Krug wollen, nämlich um dort einen Menschen möglicherweise aus einer schlimmen Krise herauszuholen und einer Verzweiflung, davon wollen die Menschen in der Kette nichts wissen, sie hören gar nicht zu. Sie wissen, was die Wahrheit ist oder glauben es in diesem Augenblick zumindest, wie immer in der Gruppe, diesem Höllenwort. Haltet die Reihen fest geschlossen, rufen sie, laßt niemanden durch, sie wollen unsere Kette brechen, aber das werden wir nicht zulassen, wir stehen zusammen, vielleicht beginnen sie sogar, ein Lied anzustimmen, das ist zumindest wahrscheinlich, *we shall overcome*, gegen meinen Protagonisten, diesen reaktionären Kettenbrecher. Woraufhin mein Protagonist inklusive der Tramper, die inzwischen wohl auch einiges begriffen haben an diesem Tag, in den VW-Bus steigen und, langsam, durch die Kette fahren und diese also sprengen, um in den Krug zu kommen, während ihnen die Scheiben eingeschmissen werden von den Friedensliebenden *etcetera*. Das in etwa ist die Stadener Kette, soweit ich sie aus dem Stand erinnere, das war vor zwölf Jahren. Wieder sieht man einen interessanten Gegenstand, Menschenkette, Friedensbewegung, alles leidlich übermotiviert, aber es kommt mir vor, als sei ich bereits mehr vorhanden in diesem Text, als sei ich in ihm mehr zu mir gekommen als vorher. Ich will Sie daran erinnern, daß ich ein Mensch bin, der nichts zu sagen hat außer einfachen Dingen und nichts zu erzählen hat, der aber immer wenigstens einen Text zusammenbringen wollte, um nicht vor den verstorbenen Autoren jedes Recht zu verlieren, sie zu lesen. Ich fand, was ich schrieb, zwar nach wie vor Mist, aber etwas war ins Laufen gekommen. Jetzt frage ich mich: Warum habe ich damals eigentlich nicht aufgehört zu schreiben? Schriftsteller wollte ich nicht werden, zu der Zeit war ich drauf und dran, Altphilologe zu werden. Der Untertitel der Stadener Kette lautete Anchibasiä, ein etwas rätselhaftes Wort, das man bei Heraklit, dem Dunklen, findet, es bedeutet so etwas wie »Annäherung«. Ich hatte mir genug Beweise erbracht, daß ich schlechte Texte schreibe und daß es sich nicht lohnt, daß ich zwar ein bißchen was hinbekomme, aber eigentlich kein Talent habe. Wieso sitzt jemand mit fünfundzwanzig, sechsundzwanzig Jahren zu Hause herum, schreibt Texte, die inzwischen zweihundert Seiten lang werden, kümmert sich aber nicht um Veröffentlichungen und ist überdies völlig unzufrieden mit sich, so daß er jeden Text für zwar gerade einmal irgendwie ans Ende gekommen hält, aber für mehr nicht? Die Antwort ist ganz leicht. Ich teilte nämlich schon seit einiger Zeit den sogenannten Talentgedanken nicht mehr, hinter dem ja nichts weiter als der übliche Geniegedanke steckt, nur eben verkleinert. Das hat etwas mit Friedrich Nietzsche zu tun. In irgendeiner der Vier unzeitgemäßen Betrachtungen, glaube ich, womöglich in Schopenhauer als Erzieher, auch dieser Text liegt mir nicht vor in meiner römischen Enklave, findet sich ein Gedanke, der für mich etwas auf den Punkt brachte, und ich würde lügen, wenn ich sagte, daß ich diesen Gedanken auch schon vorher irgendwie in mir vorgefunden hätte. Obwohl ich in mir sofort die Disposition vorfand, ihn zu teilen. Er wurde einer meiner eigenen Grundgedanken. Der Gedanke überraschte mich und blamierte einen Teil in mir. Er lautet etwa folgendermaßen: Die bürgerliche Gesellschaft, die Bürger, heute würde man sagen, die normalen Berufstätigen, haben sich aus einem ganz bestimmten Grund den Geniegedanken zurechtgelegt, sie nennen aus einem ganz bestimmten Grund die Künstler, die Autoren, die große Werke, soweit sie das überhaupt beurteilen können, hervorgebracht haben, Genies. Das ist Teil eins des Gedankens. Teil zwei: Die Menschen bürgerlicher Berufe, vielleicht auch, zur Zeit Nietzsches, die Aristokraten in leitenden Stellungen, heute wiederum also die normalen Menschen, alle diese Menschen sind, ganz im Sinne meines Titanic-Satzes, darauf angewiesen, über sich selbst immer zu denken, daß sie nicht weniger arbeiten als andere, daß sie sich nicht weniger bemühen als andere, daß ihr Arbeitsethos groß sei, daß sie sich nicht weniger bemühen als die anderen, kurz, nichts darf über ihnen sein. Und da es zum Stolz der normalen Leute auch noch dazugehört, angeblich immer zum Wohl des Landes, der Nation, der Gesellschaft oder weiß der Teufel was zu arbeiten, zu arbeiten, immer arbeiten, arbeiten, arbeiten, denn jeder will ja sinnvoll sein, auch wenn er es gar nicht ist, deshalb müssen sie sich sogar suggerieren, daß alle anderen garantiert nicht so viel arbeiten, sich nicht so bemühen, vor allem die, die keinem bürgerlichen Beruf nachkommen, sondern auf der faulen Haut liegen, von den Landstreichern bis eben zu uns. Nennen wir es Vergötterung der Arbeit. Das ist Teil zwei des Gedankens. Teil drei. Die normalen Menschen in ihren normalen Berufen, die alle immer zum Wohl der Allgemeinheit, des Staates, des Blablabla arbeiten, das geht bis in die Redaktionsstuben der Feuilletons hinein, diese Menschen, die also angeblich so viel arbeiten und sich so viel bemühen, arbeiten eigentlich überhaupt kaum etwas und bemühen sich auch nicht viel, sondern sehr wenig, eigentlich haben sie sich in ihrem Leben um überhaupt nichts bemüht, sondern alles so hingenommen, wie es kam, dabei freilich immer zwanghaft das Gegenteil suggerierend. Als ich meinen ersten Roman veröffentlichte und zur selben Zeit meinen Doktor machte, kamen Dutzende von Zeitungen, Radiosendern, Fernsehleuten auf mich zu und fragten, Herr Maier, wie haben Sie das gemacht, wann haben Sie all das gemacht? Wäre ich wie diese Leute gewesen, hätte ich gesagt, es war eine harte Zeit, ich habe sehr diszipliniert *etcetera*, irgend so einen Murks hätte ich gesagt. Ich hätte ihnen einen heroischen Arbeitstag verkauft, gerade so, wie sie es hören wollten. Die Wahrheit aber war, daß es da gar nichts zu schaffen gab und daß ich am Tag etwa eineinhalb Stunden im Durchschnitt gearbeitet hatte. Aber das öffentlich zuzugeben war fast unmöglich. Je mehr jemand behauptet, er würde unablässig arbeiten, desto weniger arbeitet er, diese Erfahrung habe ich oft gemacht, auch an der Universität, aber das nur am Rand, zurück zu Nietzsche. Da dem normalen Menschen offenbar das Leben unerträglich ist, wenn er sich zugibt, was er wirklich ist, nämlich ein Mensch, der sich nie sonderlich bemüht hat und alles hat immer nur gehen lassen, im Gegensatz zu der eigenen Rhetorik, hat er sich folglich, vierter Teil des Gedankens, den Geniebegriff ersonnen, um die Künstler und die Autoren und die Philosophen abzukanzeln, ja abzukanzeln. Indem er sie erhöht, kanzelt er sie ab, und zwar durch folgendes. Mit dem Geniebegriff behauptet der normale Mensch, der sich für kein Genie erachtet, daß den Genies alles kraft ihres Genies gegeben sei, also einfach so, und ihm nicht. Als sei er durch etwas Metaphysisches von den Genies, schwächer gesagt, von den Talenten, getrennt. Die Genies bzw. Talente sind also die, denen einfach etwas in die Wiege gelegt wurde, er, der normale Mensch, dem nichts in die Wiege gelegt wurde, mußte sich dagegen bemühen, wirklich bemühen, er ist kein Larifari, er hat sich alles selbst erarbeitet, im Gegensatz zu den Genies, die das ja alles einfach so haben undsoweiter undsoweiter. Ich müßte also zugeben, daß mein Großvater, Oberfinanzpräsident von Hessen, ein Mensch war, der sich wirklich und ehrlich und aufopferungsvoll bemüht hat, und daß Thomas Mann ein Genie war, der nun einmal konnte, was er tat, einfach so. Nein, meine sehr verehrten Damen und Herren, das kann ich nicht zugeben. Ich könnte nicht zugeben, daß Thomas Mann den Weg eines geringeren Widerstandes gegangen wäre als mein Großvater. Ich kann bloß das Gegenteil zugeben. Ich scheiterte mit meinen Texten, aber ich konnte mir auch nicht mehr sagen: Du scheiterst, weil du zu wenig Talent hast. Nein, warum ist denn jemand wie Dostojewski, wie Thomas Mann ein Stern gegen mich, der ich eine Handvoll Staub am Boden bin, verglichen mit den beiden? Etwa deshalb, weil ihnen mehr in die Wiege gelegt war? Nein, sondern deshalb, weil sie ihre Möglichkeiten mehr und geduldiger und mit mehr Aufopferungswillen ausgeschritten haben. Sich selbst zu sagen, man habe nicht soviel Talent wie andere, heißt nichts anderes, als deren, entschuldigen Sie das Wort, Leistung zu mindern, kurzum, schmälern zu wollen. Deutschland, seine Bürger, sollen ja Leistung erbringen, denn wir sind ja Deutschland, aber jetzt wende ich das Wort mal gegen Deutschland, denn wenn seine Bürger Leistung erbringen, im Sinne einer Leistungswirtschaft, erbringen sie überhaupt noch gar keine Leistung, und vor allem nicht vor Gott, vor dem man das aber wenigstens auch gar nicht muß, aber ehrlich sein muß man vor ihm, das ja. Wenn ich eines der wichtigsten Bücher meines Lebens, die Brüder Karamasow, lese, dann widert es mich geradezu an bei dem Gedanken, daß Dostojewski das angeblich alles mehr oder minder einfach so gekonnt haben soll. Ich kannte eine Frau am Altphilologischen Institut in Frankfurt am Main, die, als ich sie einmal auf den Punkt brachte, was ich manchmal tue, ich meine im Gespräch, sagte, die einen gehen halt gerne am Wochenende in die Disko, und ein Thomas Mann schreibt halt gern den Zauberberg. Es war für sie das gleiche, beides eine Spaßbetätigung. Sie fühlte sich angegriffen von dem Gedanken, es könnte nicht das gleiche sein. Sie fühlte sich angegriffen von dem Gedanken, daß das eine eventuell mehr Mühe beinhalten könnte, vielleicht so viel Mühe mehr, wie es in ihrem Leben sowieso nicht vorzustellen ist. Die Leute können sich weder zugeben, daß sie faul sind, noch daß sie sich ständig darüber in die Tasche lügen. Jeder will sinnvoll sein und sich bemüht haben. Und die Frau war ja gar nicht faul, sie las Tacitus, sie las Tibull, wer kann das von sich sagen? Aber niemand darf über ihnen stehen, höchstens Talente und Genies. Meine eigene Familie hatte ebenfalls diesen Umgang mit Autoren und Künstlern. Das waren alle Larifaris, die die Welt betrogen mit seichten Worten, von denen man sich nichts kaufen könne, und die dabei auch noch absahnten, also sich doch was kaufen konnten, was dann geradezu der Lumperei die Krone aufsetzte. Meine Damen und Herren, ich kann nicht sagen, daß ich gelingende Bücher schreibe, ich kann Ihnen aber sagen, daß ich durch das Schreiben, oder nennen Sie es Scheitern oder Lernen, zumindest einen klareren Blick auf die Literatur und insbesondere auf Romane bekommen habe, auch auf ihre Form, denn Form begreift man nur, wenn man am eigenen Schreibleib erlebt, was sie bedeutet, oder ihre Abwesenheit. Als ich siebzehn war, habe ich Dostojewski hingenommen, als sei da alles aus Stein gemeißelt, so habe ich damals alles wahrgenommen, und ich ahne, daß die meisten Leser, die nie geschrieben haben, das auch so tun. Sie wissen gar nicht, das heißt, sie können beim Lesen nicht spüren, daß alles in einem Text auf Entscheidung und Zufall beruht und daß nichts so sein müßte, wie es dasteht, aber daß die Suggestion meistens unbedingt dazugehört, es müßte alles genau so dastehen. Die Suggestion bringt der Leser, der nicht schreibt, sogar meines Erachtens selbst mit. Er konsumiert, aber er gewinnt dem Text gegenüber nicht dieselbe Augenhöhe. Er läßt sich unterhalten oder nicht, aber er liest nicht, was da gemacht ist, das Gemachte erkennt er gar nicht. Das trifft auf Literaturwissenschaftler, die im Regelfall zwar Ahnung von Literatur, nicht aber vom Schreiben haben, ebenso zu, und bei ihnen nimmt es sich so aus, daß sie den Autor immer möglichst heben, intelligent machen, ihn verklären, sich in ihn verlieben, ein Dienerverhältnis zu ihm entwickeln oder zu dem, was sie sich unter dem Autor vorstellen, und andere Autoren, die nicht ihre Lieblinge sind, kanzeln sie dagegen ab, wie sie auch oft die Gegenwart gegen andere Zeiten abkanzeln, je nach dem. Die Literaturwissenschaft, ein Abbild der allzumenschlichen Gesellschaft, die oft die phantastischsten und manchmal auch die peinlichsten Blüten treibt, ein schönes Beispiel dafür wäre Thomas Bernhard und seine phantastischen Erforscher, im wahrsten Sinne des Wortes, als gäbe es da überhaupt etwas zu erforschen. Ich muß gestehen, daß mir als einem Menschen, der in Texten denkt, die Leser, auch die sogenannten Literaturwissenschaftler, die fremdeste Spezies auf der Welt sind, nicht weniger fremd als Maulwürfe oder Kolibris oder bekennende, flammende Parteiangehörige. Ich habe eine ganz leise Erinnerung an sie, wenn ich an mich zurückdenke, wie ich vor einem Vierteljahrhundert war, also schon eine Generation zurück quasi, und wie mir damals Texte vorkamen, nämlich so, als müßte in ihnen alles so sein, wie es ist, dabei muß in ihnen fast gar nichts so sein, wie es ist, sie bestehen, wie gesagt, aus Entscheidungen und weitgehend aus bloßen Zufall, wie alle Handlungen der Menschen.

Nietzsche hat mir endgültig die Hände gebunden. Ich habe ihm viel zu verdanken, wie vielen anderen auch, er war nie ein Marsmensch, er sprach mit mir. Vor dem Schreiben zu kapitulieren hätte für mich geradezu bedeutet, das Recht auf meine Autoren, meine Menschen zu verlieren, ich hätte ihnen, obgleich viel kleiner, gar nicht mehr in die Augen schauen können. Ich hätte einfach ein schlechtes Gewissen gehabt. Ich hätte mir sagen müssen: Die haben nicht aufgegeben, ich schon, die haben sich auch erst alles erkämpft und erschrieben, wovon du zehrst, und du gibst auf. Aber gerade diese Menschen haben mich mit dem, was sie getan haben, geradezu überleben lassen unter den Marsmenschen, als ich siebzehn oder achtzehn war. Wissen Sie, wie es weitergegangen wäre? Wie wahrscheinlich immer, wenn man ein schlechtes Gewissen hat. Vielleicht hätte ich angefangen diese Autoren zu hassen, sie kleinzureden, sie letztlich zu verachten. Weil ich es anders nicht ausgehalten hätte. Mein Leben hätte einen endgültigen Bruch gehabt, ich wäre in zwei Teile zerfallen. Das ist gottseidank nicht geschehen. Aber ich habe einige Menschen in meiner Umwelt erlebt, denen es so ging. Wenn ich heute gefragt werde, wie man denn Schriftsteller wird, kann ich aus meiner eigenen Logik heraus nur eine Antwort geben. Nicht aufhören. Wer aufhört, ist raus. Ein Mensch, der irgendwann aufhört, Klavier zu spielen, wird kein Klavierspieler, das ist so sicher wie das Amen in der Kirche, um auch dieses Wort hier einmal anzubringen. Und noch ein Letztes zu Nietzsches Gedanken. Indem ich selbst Bücher schreibe, was ich nicht konnte, aber versuchte, befinde ich mich für mich in einer Art von Meßbarkeitsverhältnis zu Menschen wie Dostojewski, Thomas Mann, Peter Kurzeck, Knut Hamsun, Arnold Stadler, natürlich auch zu denen, die nicht meine Autoren sind, sagen wir Max Frisch, Ingeborg Bachmann als Prosaautorin, Friedrich Schlegel, James Joyce und so weiter. In diesem Meßverhältnis kann ich immer nachmessen, wie klein und wie schlecht ich bin. Ich kann natürlich, immer für mich, auch nachmessen, daß ich einige andere Autoren, eventuell leben sie auch noch, für schlechter als mich halte, sie sagen mir eventuell auch gar nichts. Aber hätte ich aufgehört zu schreiben, gäbe es dieses Meßverhältnis nicht, anhand meiner eigenen Kleinheit könnte ich die Größe der anderen gar nicht messen. Ich meine das Wort Größe überhaupt nicht heroisch. Welche Rolle Dostojewski im Betrieb spielte und spielt und unter den Menschen und in den Zeitungen und den Gesprächen der Tausende, die Literatur nicht brauchen, aber über sie reden, vom Caféhaustisch bis zum Fernsehen, ist mir vollkommen egal. Mit Größe meine ich bloß, was der Mann für mich gemacht hat, inwieweit der Mann, ich meine Dostojewski, mein Leben erreicht und für mich sichtbarer gemacht hat, und nicht nur meins, wofür ich ihm unendlich und ein Leben lang dankbar sein werde und natürlich dankbarer als zum Beispiel meiner eigenen Familie, die diese Familie eher bloß dem biologischen Sinn nach war, gemäß dem Satz Jesus', den ich bereits zitiert habe: Wer ist meine Mutter, und wer sind meine Geschwister?

Ich schrieb also weiter, es folgten zwei weitere Schwarten, und die zweite der Schwarten fand ihren Weg in den Literaturbetrieb, ich bekam erstmals einen Vertrag, aber ich zog die Schwarte wieder zurück, weil es mir einfach zu peinlich war. Beim nächsten Roman gab es wieder einen Vertrag, das war dann mein sogenannter Debütroman, es folgten zwei weitere, bislang habe ich veröffentlicht drei Romane, eine pseudowissenschaftliche Studie in einem kleinen Verlag und ein kleines, schönes Buch mit einer Frau zusammen, da geht es um Vögel, hauptsächlich um Vögel, ein Buch über Natur, fünf Bücher also, drei Romane, und werde schon zur Frankfurter Poetikdozentur eingeladen, wo Jandl las, wo die Bachmann las, wo Christa Wolf las, wo auch viele Menschen lasen, von denen ich überhaupt noch nie etwas gehört habe, und wo jetzt ich lese, ich, wie es ja auch Titel dieser Vorlesungsreihe ist, der im ersten der Worte Fichtes bereits hängenbleibt, ohne je weiterzukommen, denn ich bin ja kein Philosoph, ich bin nur ein Mensch auf der Suche nach Worten für mich und für Sie, die anderen. Philosophie, hat mal ein Freund von mir gesagt, der Philosoph ist, akademischer Philosoph in München, Philosophie ist die Suche nach wahren Sätzen. Ich suche nicht nach wahren Sätzen. Alle Sätze, die ich je sagen könnte, verfangen sich alsbald in Widersprüchen, oft sogar im performativen Selbstwiderspruch, wenn ich sie auf den Punkt bringen soll. Aber Wahrheit hat mit Sprache nichts zu tun. Wahrheit ist dem Gefühl näher als der Sprache, und der Glaube ist es auch. Und der Glaube ist die Wahrheit und umgekehrt und für viele natürlich gerade deshalb das Gegenteil, nämlich subjektiver Wahrheitsanspruch ohne objektive Begründung. Aber das haben wir ja schon in unseren diskussionsfreudigen Oberstufen- und auch Mittelstufenseminaren gelernt, nämlich alles zu zerquatschen, egal ob es echt oder unecht ist, was, so gesehen, eine sehr einfache Unterscheidung wäre, wenn nicht alle mitreden wollten, und es sind ja, wie ich bereits dargelegt habe, alle auf jeden Fall immer gleich, gleich gut, gleich wahr, gleich bemüht um die Wahrheit und um ein wahres Leben, hier, meine Damen und Herren, wird die Analyse des Menschenzustands immer zur Endlosschleife, wie schon in meinen Ober- und Mittelstufenseminaren, die immer Unterstufe waren, unterste Stufe, das schlimmste, was man als Ich erleben konnte, nämlich eine Art von sprachlicher Machtergreifung derer, die sowieso nie etwas ernst meinten, eine totale Verramschung ihrer selbst und all dessen, was denkbar ist. Ich bin nur ein Mensch auf der Suche nach Worten, die längst schon gefunden sind, die im Matthäusevangelium schon alle dastehen, in perfekten logischen Sequenzen, schärfer, als Wittgenstein es je gekonnt hätte, eine erschöpfende Analyse dessen, warum wir falsch sind und warum wir dadurch schuldig werden vor allem und vor jedem, nämlich bloß kraft unseres wahrheitsfernen Tuns. Eine literarische Form dafür zu finden ist sehr schwer, ich glaube, man kann keine Form dafür finden, daß wir falsch sind, keine ernste, denn eine Form, die sich vom Einverständnis des Lesers verabschiedet, ist keine Form, sondern für den Leser eine Zumutung, wie ja auch das Matthäusevangelium. Das größte philosophische Werk des Abendlandes. Das uns nichts sagt als bloß: Seid nicht. Das uns sagt: Wenn ihr aufhört, zu sein, dann seid ihr. Meine Damen und Herren, wenn wir uns im Matthäusevangelium wiederfinden, dann immer nur auf der Seite der Hohepriester, immer nur auf der Seite des reichen Edelmannes, immer auf seiten der Kleingläubigen, der Rechthaber, der Schriftgelehrten und Sophisten. Also auf seiten derer, die sich verteidigen, die verteidigen, was sie haben, als sei das recht, die verteidigen, was sie sind, als sei das richtig, das ist unser tägliches Brot, die Selbstverteidigung, aber dieses Brot hat uns Gott nicht gegeben, und übrigens die Philosophie auch nicht, und die Literatur auch nicht. Und Sie begreifen vielleicht gar nicht, was das ist. Die Sie alles, was Sie haben und tun und wollen und erlangen, für natürlich und gut halten, und wenn Sie kurz nachdenken würden, aber im Ernst nachdenken, kehrten Sie um, aber das werden Sie nicht tun. Sie befinden sich täglich in Konkurrenz, Sie buhlen um Stellen, die andere ebenfalls haben wollen, Sie benutzen Strom, der in hunderttausend Jahren noch seinen Müll hinterlassen haben wird, Sie fahren täglich Auto, als sei das normal und unverzichtbar und ein Lebensrecht von Ihnen. Folgendes ist daher göttliche Prosa, Prosa, wie sie ein Mensch nie zu schreiben in der Lage wäre. Und siehe, einer trat zu ihm und fragte: Meister, was soll ich Gutes tun? Er aber sprach zu ihm: Was fragst du mich nach dem, was gut ist? Gut ist nur Einer. Willst du aber zum Leben eingehen, so halte die Gebote. Meine Damen und Herren, zum Leben, denn alles andere ist der Tod, auch wenn er sich wie Leben gebärdet bis zum äußersten. Da fragte er ihn: Welche Gebote? Jesus aber sprach: Du sollst nicht töten; du sollst nicht ehebrechen; du sollst nicht stehlen; du sollst nicht falsch Zeugnis geben; ehre Vater und Mutter; und: Du sollst deinen Nächsten lieben wie dich selbst. Da sprach der Jüngling zu ihm: Das habe ich alles gehalten; was fehlt mir noch? Jesus antwortete ihm: Geh hin, verkaufe, was du hast, und gib dein Geld hin, so wirst du einen Schatz im Himmel haben; und komm und folge mir nach! Ja, meine Damen und Herren, nicht töten, nicht ehebrechen, das geht ja noch halbwegs, auch wenn das zweite schon deutlich schwerer fällt als das erste, aber als der Jüngling das Wort hörte, verkaufe, was du hast, ging er betrübt davon; denn er hatte viele Güter. Jesus aber sprach zu seinen Jüngern: Wahrlich, ich sage euch: Ein Reicher wird schwer ins Himmelreich kommen. Und weiter sage ich euch: Es ist leichter, daß ein Kamel durch ein Nadelöhr gehe, als daß ein Reicher ins Reich Gottes komme. Und jetzt, aufgepaßt, kommen die Reaktionen der Menschen, sehr moderne Reaktionen übrigens, oder werden Sie je freiwillig auf Ihr Auto, Ihren Kühlschrank oder, deutlicher gesagt, auf Ihre bei P&C gekauften und aus Rumänien oder Fernost hergeschafften Hosen, über die Sie gar nichts wissen, weil Sie nichts über sie wissen wollen, oder Ihre Lebensversicherung verzichten, auf die Sie ja vermutlich auch eine Art natürliches Recht zu haben glauben und womit *nota bene* Sie Kern des Geldsystems sind. Also weiter Matthäus. Als das also seine Jünger hörten, nämlich daß der reiche Jüngling seine Güter aufgeben soll, um das zu erlangen, was er, wohlgemerkt, von sich aus als Wunsch angemeldet hat, nämlich sein Heil, da entsetzten sie sich sehr und sprachen: Ja, wer kann denn *dann* selig werden, wenn so etwas von ihm gefordert wird? Keinen Strom mehr? Keine Kühlschränke? Keine Autos? Kein Geld? Keine finanzielle Sicherheit für in zwei Tagen? Ein Leben wie die Vögel? Jesus aber sah sie an und sprach zu ihnen: Bei den Menschen ist es unmöglich; aber bei Gott sind alle Dinge möglich. Das ist die Differenz. Bei den Menschen, bei Gott. Ich habe nie einen Helden in meinen Romanen gehabt, der binnen dem Roman etwas wurde. Er wurde nie mehr, sondern immer weniger, in meinem Debütroman war der Hauptheld sogar schon tot ganz am Anfang, er hat sich freiwillig aus der Welt herausverweigert, auch noch am Pfingstfest, wo der heilige Geist über uns kommt. In meinem Leben habe ich ganz selten solche Personen, die weniger wurden, kennengelernt, und sicherlich nicht an der Universität, und sicherlich nicht in der Politik, ich meine Politiker, die ich kenne, nicht die aus dem Fernsehen, die ich nicht kenne und über die ich nicht rede, und sicherlich habe ich solche Menschen auch nicht im Literaturbetrieb kennengelernt, das heißt, unter den Schriftstellern manchmal doch, allerdings natürlich nie unter den Verlegern, und in den Zeitungen auch nicht. Aber manchmal habe ich solche Menschen doch kennengelernt. Ans Licht der Öffentlichkeit werden sie nie kommen. Dafür ist diese eben nicht da. Und da die Wahrheit das Langweiligste und Uninteressanteste ist, was man nur von sich geben kann, da sie jeder weiß, auch wenn niemand nach ihr handelt, daher muß man in der Literatur diese Wahrheit implizit aufheben, es ist völlig funktionslos, sie zu sagen, also explizit, weil sie ja jeder weiß und sie tausendfach gesagt ist. Ich wüßte nichts anderes, als daß die Literatur den Zweck hat (meine Literatur, die ich lese und die ich schreibe), die Wahrheit zu sagen, nicht explizit, sondern anders. Auch wenn die explizite Wahrheit vielleicht im Schweigen liegt und vielleicht sogar darin, daß ich immer nur erkenne, daß sie so niemand richtig sagen kann, und vor allem ich nicht. Die Wahrheit ist, daß wir falsch sind und richtig sein könnten und falsch allein kraft unseres eigenen Entschlusses, oder nennen wir es meinetwegen auch Trägheit, sind. Die Wahrheit ist, daß wir uns alle als moralische Wesen darstellen, aber faul sind, roh, verschlagen und brutal noch in den unbeachtetsten Momenten. Alles das läßt sich in der Literatur kaum sagen, das kann ich Ihnen sagen. Sie müssen da eine Methode finden, die den Leser ganz und gar an der Nase herumführt, die die ganze Auseinandersetzung in die Tiefe des Lesers selbst hineinverlagert. Sie müssen den Leser mit einem Gift impfen, mit einem Gegengift gegen ihn, den Leser, selbst, und wenn dieses Gift, oder nennen wir es ein Remedium, in ihm, dem Leser, zu wirken beginnt, dann ist das zumindest ein Etappenerfolg. Übrigens, um noch einmal zu dem reichen, jungen Mann zurückzukommen, und wir sind ja alle reich in Deutschland, ausnahmslos, auch die Armen, von einem unhaltbaren, größenwahnsinnigen, weltvernichtenden Reichtum, den wir für eine Art von Natur halten. Sie müssen das Wort Gott in dieser Erzählung vom reichen Jüngling gar nicht verstehen, ersetzen Sie es einfach immer durch das Wort Wahrheit, und Sie wissen genau, was gemeint ist, weil Sie, wenn Sie ein Ich sind, diese Wahrheit ebenso teilen wie ich, weil sie unser Wesenskern ist. Wir alle wissen, was falsch und was richtig ist. Wir haben aber gelernt, viele Worte darum zu machen, auch das Wort Gott ist möglicherweise schon ein Wort zuviel, und dieses Viele-Worte-Machen dient immer uns, aber nie der Wahrheit, auch hier gilt mein Gruß wieder dem Frankfurter Satire-Magazin Titanic, das, als Titanic, auf dem richtigen Kurs ist, wie ihr historisches Vorbild, und meine guten Wünsche gelten Ihnen, sehr verehrte Damen und Herren, es ist Pfingsten, am Sonntag kam der Heilige Geist über uns, das sollten wir alle noch etwas auskosten, heute, am Wäldchestag, der meinem Debütroman den Titel gab, kommt nämlich regelmäßig die heilige Verwirrung über uns, zumindest über uns Frankfurter. Also, trinken Sie heute noch ein bißchen Apfelwein, das werde ich auch tun, bevor ich wieder in den Zug steige, um morgen früh in Rom aufzuwachen, der ewigen Stadt, in der es aber leider keinen Apfelwein gibt und auch keinen Wäldchestag. Beim nächsten Mal möchte ich gerne über die Autoren sprechen, die mir immer wichtig waren, wobei die Betonung auf immer liegt.

4.

Die Verwirrung

Meine sehr verehrten Damen und Herren, ich habe das letzte Mal etwas ausführlicher über das Matthäusevangelium gesprochen, noch kurz ein paar Worte dazu, es ist ein Urtext für mich, und mir bleiben nur zwei Möglichkeiten, entweder ist Matthäus der größte Philosoph, den es je gab, oder Jesus Christus, dem das alles in den Mund gelegt wird, ist Gottes Sohn. Die Ungläubigen werden dagegen brüllen, aber ich glaube, daß die Atheisten das Wort Gott nur übersetzt haben in andere Worte, vielleicht aus Eitelkeit, vielleicht aus Gründen der Mode, vielleicht aus einem laschen Erkenntnisstreben heraus, oder weil man die Gläubigen selbst zu lasch fand, ihre Worte nicht ertragen konnte, was ich vollkommen verstehen kann, und gegen sie polemisierte. Denn der Glaube umkreist ja etwas, das man sprachlich nicht mitteilen kann, genausowenig wie den Impuls, mein linkes Bein zu bewegen, den kann ich auch nicht mitteilen. Für die Bewegung des linken Beins haben wir die Worte *Bewegung des linken Beins*, aber hineinschauen kann man in diese Worte auch nicht. Für Gott haben wir das Wort Gott. Kann man ebenfalls nicht hineinschauen. Gott ist die Wahrheit, aber das ist fast ein Pleonasmus. Gott ist in jedem, aber nicht jeder folgt ihm, eher wenige. Ich meine nicht, in die Kirche, da gehen ja immer noch viele hin, sondern in die Wahrheit, da gehen vermutlich eher wenige hin. *Etcetera etcetera.* So könnte man in endlosen Satzschleifen fortfahren, wie es die katholische Kirche gern tut bis zur absoluten Ermüdung ihrer Zuhörer. Insofern kann ich die Ungläubigen verstehen, die sich leider aber für aufgeklärt halten, ohne es zu sein, da keine Aufklärung vor Gott als der Wahrheit jemals Bestand haben könnte, also kurz gesagt, vor mir, denn Gott spricht ja in mir, wie vermutlich in jedem, mit mehr oder minder großem Erfolg und gegen alle Aufklärung. Meine Damen und Herren, lassen Sie mich den Spieß herumdrehen. Man kann es nämlich auch andersherum sagen. Die Christen haben das, was sowieso jedem Menschen die Wahrheit ist und immer sein wird, in das Wort Gott übersetzt, das muß zwar auch nicht stimmen, aber mit diesem Wort Gott ist es ihnen wenigstens gelungen, das, woran alle glauben, besser gesagt, was alle wissen, was alle in ihrem Gewissen haben, wenigstens dem Diskurs der Menschen zu entheben, oder zumindest es als nicht so leicht verfügbar erscheinen zu lassen. Indem sie Gott munifiziert und verschanzt haben gegen unsere Logik und unseren rhetorischen Zugriff, haben sie einen Teil in uns, den wahren, verschanzt und munifiziert gegen uns selbst, das immerhin. Es gibt in uns etwas Unantastbares, das wir dauernd anzutasten versuchen und tatsächlich auch antasten, und das, kurz gesagt, macht uns zu falschen Wesen, weil zu selbstwidersprüchlichen, zu solchen, die immer gegen sich handeln, d. h. gegen ihr Gewissen und ihre Wahrheit. Diese Wahrheit in einem quasi selbstreferentiellen System aufzuheben und dadurch gegen Einspruch zu schützen und wie eine Flaschenpost durch die Jahrtausende zu schicken, das ist das Evangelium nach Matthäus, eine unglaubliche literarische Leistung. Es ist so einfach. Jeder kann fast jede Handlung als falsch oder richtig erkennen, man muß hierbei nicht allzu sophistisch werden. Ein Beispiel. Sie steigen in Berkersheim in Ihr Auto, kommen hierher, suchen sich einen Parkplatz, gehen in den Hörsaal und hören Maier. Diese Handlung ist falsch, schon allein wegen der Autofahrt. Jeder weiß, daß der Privatverkehr auf eine hinausgezögerte Katastrophe zusteuert. Diese müßte verhindert, nicht aber Maier angehört werden. Da Sie, meine Damen und Herren, aber gern und bereitwillig vor sich selbst und der dunklen Seite in Ihnen kapitulieren, sagen Sie sich: Herrje, daran kann man doch eh nichts ändern, also fahre ich hin und höre Maier. Sie rechtfertigen sich selbst. Damit haben Sie den Beweis erbracht, daß Sie wissen, daß es falsch ist, was Sie tun. Kurz gesagt, Sie suchen eine Abendunterhaltung und vernichten dafür die Welt, Sie schädigen alle Menschen, als zählten diese nicht, aber Ihre Abendunterhaltung. Das ist ein absolut normaler zivilisatorischer Reflex. Sich über alles stellen und zum Herrscher aller Dinge erklären, indem man den eigenen Zustand und den eigenen Lebensrhythmus für natürlich hält, als gäbe es keine Umkehr. Und Sie haben sogar erfahren, daß jeder Tag seine Last mit sich bringt und daran genug hat, aber Sie versuchen auch alle anderen Tage im vorhinein zu entlasten und abzusichern, Sie wissen, was das bedeutet. Wir sind alle fixiert in einem System, einem zivilisatorischen, in dem jeder in jedem Moment kraft seiner bloßen Anwesenheit schuldig wird vor Gott und den Menschen. Und die Umkehr heißt einfach nur sein lassen, und sie wird nie geschehen, und nun versuche ich zu erklären, wieso sie nie geschehen wird und welchem Irrtum dieser ganze bisher referierte Argumentationsgang normalerweise unterliegt. Man steht nämlich als Ich vor Gott, nicht als Gruppe. Gruppen gibt es nicht, d. h. in einer Gruppe gibt es einen selbst nicht, die Gruppe ist der Tod des Menschen, des Ich. Das Evangelium nach Matthäus verkündet keine Utopie. Der Glaube an Gott verkündet nie eine Utopie. Unser Heil liegt nicht und nie in der Gesellschaft, unsere Eschatologie liegt nie in einem gesellschaftlichen Entwurf begründet, genausowenig wie in einer Lebensversicherung, das wäre ja pervers. Die Gesellschaft muß nicht geheilt sein, damit ich selbst geheilt bin, oder Sie. Das erste wird nie geschehen, dafür gibt es kein Instrument, es gäbe dafür nur eines: Alle müßten sich gleichermaßen, in einem Augenblick, sein lassen. Dann wäre alles gut, gesellschaftlich, ökologisch *etcetera.* Wird nicht passieren und ist auch egal, da das Heil sich nur für einen selbst einstellt, und manchmal gerade eher unter schlimmeren Bedingungen als unter besseren, denn das Heil ist nicht zu verwechseln mit Glück. Es ist so einfach und so klar, und jeder von uns hat es schon oft erfahren, aber viele gehen diesen Weg nicht, doch mein Heil betrifft es nicht, ob andere ihn gehen, mich betrifft nur, ob ich diesen Weg gehe, und wenn ich geheilt bin und mich habe sein lassen, habe ich auch die Welt sein lassen, und dann ist da eine Art Heil in allem, selbst wenn die Welt sich in diesem Augenblick völlig zugrunde richtet. Das ist nicht stoisch gedacht, also daß der

Weise auch noch auf der Folter glücklich wäre. Das eigene Heil erreicht man ja auch nur dann, vielleicht, wenn man es gar nicht anstrebt, denn es kommt sowieso nicht durch mich, sondern durch Gott, also durch die Wahrheit, insofern sie in mir ist. Stellen Sie sich Ihr Kind vor. Sie schlagen und mißhandeln es täglich. Wäre es eine Leistung, mit diesem Schlagen und Mißhandeln aufzuhören? Nein, es wäre sogar ganz üblich. Übertragen Sie das auf alles andere. Was wir tun, können wir auch lassen. Und meinen Sie bitte nicht, der Welt, im Gegensatz zu meinen Worten, doch eigentlich eher Gutes zu tun, und den Menschen. Sie tun es nicht. Sie quälen sich und alles, täglich. Ich versuche übrigens nicht, Sie zu irgend etwas zu bekehren, ich versuche nur zu erläutern, inwiefern das Matthäusevangelium der logischste Text ist, der mir je untergekommen ist, und weshalb er für mich ein Urtext ist, das genaueste Abbild dessen, was an Wahrheit in mir und Ihnen vorhanden ist. Ich versuche nur, meinen Eindruck dieses Textes zu schildern, das hier ist eine Vorlesung über Literatur, und so spreche ich auch. Ich will nur den Problemkreis beschreiben, in dem sich meine eigene Literatur bewegt. Es gibt einen Schriftsteller, der der hier vorgezeichneten Logik recht nahe kommt, ohne ein Evangelist zu sein, ein Autor, der bei vielen nicht sonderlich beliebt ist, zumindest in seinem Heimatland nicht, wie ich öfter höre, nämlich Fjodor Michailowitsch Dostojewski. Ich kann mich erinnern, wie erstaunt ich war, als ich mit einem guten Freund von mir, seines Zeichens Leiter der Bibliothek des Goethe-Instituts in Moskau, von Prag nach Brünn fuhr (wir hatten ein wenig Becherovka getrunken), und dieser, er heißt Iwan, mir erklärte, wie erstaunt die Russen darüber seien, daß das Ausland, besonders die Deutschen, Dostojewski so lieben. Ich muß sagen, der Tag, den ich damals mit Iwan verlebte, hatte selbst gewisse dostojewskische Qualitäten, wir führten die heiligsten Gespräche und richteten uns nachts, zurück in Prag, vollkommen zugrunde, aber das nur am Rand. Iwan erzählte auf der Fahrt nach Brünn, daß Dostojewski in erster Linie ein Autor mit einer sehr schlechten Sprache sei. Ich kann kein Russisch und das also nicht beurteilen, aber ein Freund von mir lernte vor einiger Zeit Russisch, ging nach Rußland, las dort, früher selbst Dostojewskileser, ein bißchen in den Dämonen herum, auf russisch, und sagte erstaunt, diese Sprache sei tatsächlich sehr einfach, alles stehe dort auf die einfachste Weise da. Ungeschliffen, sagte er nicht, aber Iwan sagte das. Roh, wie nicht vollständig behauener Stein. Auch die Dostojewskiausgaben seien anfangs so schlecht gewesen, daß sie voller verderbter Stellen steckten, überall Konjekturen, mehr als bei anderen Autoren. Iwan sagte, Dostojewski habe teilweise einfach falsch geschrieben, falsche Sätze, aber es so stehen lassen, es habe ihn nicht gekümmert, oder er habe es vielleicht zu eilig gehabt. Die Sprache Dostojewskis sei unorganisiert, aber dafür auch nicht gesucht. Iwan verstieg sich in eine umfangreiche Polemik gegen Dostojewski. Sein Antisemitismus sei schwer erträglich, der Umgang mit seiner Frau katastrophal, er als Mensch unangenehm, das Gegenteil eines guten Menschen und so weiter. Nun, es mag am Bier und am Becherovka gelegen haben, wir hatten schon vor der Abfahrt hinter dem

Goetheinstitut in Prag in einer Kneipe zwei helle Pils getrunken und den besagten Becherovka, aber ich habe später in Rußland sehr oft solche Charakterisierungen der Sprache und der Person Dostojewskis gehört. Allerdings habe ich vereinzelt auch russische Gegenstimmen gehört, aber die schienen mir eher zweifelhaft. Der ganze Nationalismus, dieser Rußlandkult bei Dostojewski, sagte Iwan, sei unangenehm, Dostojewski werde politisch von einschlägiger Seite benutzt.

Ich war etwas irritiert, weil ich nirgends sonst in der Literatur eine so klare Darstellung der Idee dessen, was der Mensch sei, in allen Höhen und Tiefen, gefunden hatte wie bei Dostojewski. Nicht in expliziter, abstrakter Analyse, nicht in einer Art Begriffsfindung. Ich habe noch nie gemocht, für etwas Begriffe zu finden, elaborierte. Dostojewski ist mehr ein Ausloten, ich kenne, kurz gesagt, niemanden, der so in die Höhlengänge des menschlichen Seins hineingekrochen wäre wie Dostojewski. Nie spekulativ, nie plakativ, nie unter à-la-mode-Gesichtspunkten wie etwa, nun ja, lassen Sie mich keine Namen nennen. Sondern wie einer, der selbst all das durchlebt haben muß, ohne es später vordergründig aufzuführen für ein skandalbereites Publikum, das dann gern Houellebecq liest oder so etwas. Sondern wie jemand, der überhaupt nie für Publikum geschrieben hat, auch wenn er das vordergründig mehr als viele andere Russen getan hat, und wie jemand, der sich bei dem, was er schrieb, auch nicht besonders gefallen hat, eher im Gegenteil, ein Schreiber, der wußte, daß er nicht schick war. Christus bei Matthäus ist tausendmal schicker, fast ein Che-Guevara-Typ. Dostojewski jedoch wußte, daß er nicht über im landläufigen, modischen Sinne Interessantes schrieb, und vielleicht hat er sich deshalb so sehr an die Kriminalform angelehnt, einfach weil es ihm egal war, weil das unterhaltende Element ihm ziemlich egal war, weil er lediglich ein Transportmittel brauchte für Dinge, die sowieso eher jenseits der Literatur angesiedelt sind. Ich war ziemlich schockiert, als ich irgendwann einmal allgemeine Lexika bei D aufschlug, um nach Dostojewski zu schauen, und dort las, dieser befinde sich in der Nähe zur Trivialliteratur. Meine Damen und Herren, eine Welt, die sagt, Dostojewski befinde sich in der Nähe zur Trivialliteratur, und die zugleich sagt, Joyce sei Literatur auf der Spitze, diese Welt funktioniert nach Gesetzen, die ich wieder mal nicht kenne. Ein Spiel mag trivial sein, aber Dostojewski war nie ein Spiel. Aber später mehr zu dem, was Dostojewski für mich ist, jetzt erst einmal zurück zu den Vorbehalten. Ich habe nämlich mit der Zeit auch unter den Deutschen gewisse interessante Vorbehalte gegen Dostojewski erfahren, nicht nur aus den Lexika. Mein erster Dostojewski stammt aus der Bibliothek meiner Mutter, es war der Idiot. Ich habe die Ausgabe bis heute, Winkler Dünndruck, in der Übersetzung von Arthur Luther. Meine Mutter warnte zwar hauptsächlich vor Nietzsche, der sei immer so destruktiv, aber Dostojewski gehörte für sie auch zu dem Teil Literatur, der offenbar nicht die bürgerlichen Lebenskräfte weckt. Später hörte ich des öfteren, es gebe da einen Bewertungswettstreit zwischen Dostojewski und Tolstoj. Tolstoj habe viel gekonnt, eigentlich alles, Dostojewski nur wenig, aber an dem wenigen, was er konnte, habe er eisern festgehalten.

Diese Einschätzung teile ich teilweise. Tolstoj war der viel beweglichere Epiker. Tolstoj ist mir als Mensch in seiner oberflächlichen Radikalität sogar näher, ich meine mir als Mensch, nicht als Schreiber. Neulich habe ich die Auferstehung gelesen und mich als Person in den Radikalismen einiger Figuren dort wiedergefunden, oder sagen wir, das, was ich vor längerer Zeit einmal war. Es gibt Szenen in Anna Karenina, die kann ich kaum glauben, so gut sind sie geschrieben. Was einen an Tolstoj so verblüffen kann, die Leichtigkeit des Umgangs mit dem Stoff und die Zuhandenheit desselben, vielleicht können gar nicht die Leser, sondern nur die Schriftsteller ermessen, wie schwer diese luftige Leichtigkeit zu erreichen ist. Der Autor, der scheinbar alles erzählen kann, wirkt auch am leichtesten. Von der literarischen Technik her ist es das schwerste. Dostojewski hat diese Leichtigkeit in der stofflichen Disposition überhaupt nicht, er hat, wie gesagt, nur verhältnismäßig wenige Mittel zur Verfügung, aber die raffiniert er wie der Bauer seine Pflügetechnik, wenn Sie mir dieses Bild erlauben, das hoffentlich das einzige in dieser Vorlesungsreihe bleiben wird, es ist mir so herausgerutscht. Also, Dostojewski gegen Tolstoj, das ist wie Brahms gegen Wagner, Brahms verliert regelmäßig, und Dostojewski auch. Bei mir nicht, beide nicht. Nächster Vorwurf. Bei Dostojewski seien die Personen alle so komisch. Sie kennten gar keine Mittellage, obgleich die doch die normale sei. Bei Dostojewski gebe es nur Extreme. Entweder seien die Personen völlig am Ende oder völlig besoffen oder völlig hoffnungslos oder völlig exaltiert oder völlig enthusiasmiert, aber enthusiasmiert nur, um im nächsten Augenblick noch viel mehr am Boden zerstört zu sein. Oder sie seien geradezu Heilige. Die Frauen seien arm und geschunden oder würden angebetet, die Männer hätten nur die Wahl zwischen triebverhaftet oder durch den Glauben oder ihre Epilepsie quasi geheiligt. Hauptvorwurf: Bei Dostojewski seien alle immer so seltsam nervös. Ja, meine Damen und Herren, das stimmt, bei Dostojewski sind alle immer so seltsam nervös. Offenbar ist das ein störendes Element. Aber ehrlich gesagt sind bei den Hesselbachs, auf die ich gleich anschließend als ein weiteres meiner stilbildenden Vorbilder zu sprechen kommen werde, auch alle immer nervös, und diese Serie war doch beliebt, die haben doch alle geschaut, und damals hat niemand gesagt, ach, sind die alle so nervös. Ich kann daraus nur schließen, daß offenbar in der heutigen, gegenwärtigen Literatur nur wenig Nervosität vorkommt, als habe sich das literarisch irgendwie erledigt. Offenbar sind die Figuren heute nicht so exaltiert wie bei Dostojewski. Oder die Menschen heute um mich herum kommen sich selbst nicht so exaltiert vor wie die bei Dostojewski. Oder sie haben vielleicht sogar Angst davor, so exaltiert zu sein, vielleicht kommt ihnen diese Exaltiertheit anmaßend vor. Zumindest stört sie irgend etwas daran, sie halten diese Exaltiertheit, kurz gesagt, für nicht realistisch. Aha. Diesen Eindruck kann ich nicht teilen. Meine Damen und Herren, lassen Sie mich kurz nur über den Punkt Alkohol reden, bei Dostojewski wird ja bekanntermaßen gern getrunken. Mir fällt zum Beispiel Thomas Keul ein, der Redakteur der Zeitschrift Volltext, der mich irgendwann zu seinem Kolumnisten ernannt hat.

Herr Keul ist ein junger, schlanker, gesunder, vollkommen seriöser Mann, immer gut gekleidet, im Anzug. Wir sind uns zum ersten Mal, da schrieb ich schon für ihn, auf einer Frankfurter Buchmesse begegnet. Die Frankfurter Buchmesse pflege ich nicht am Suhrkampstand zu verbringen, sondern am Stand eines Südtiroler Verlegers, der ein guter Freund von mir ist. Er heißt Gottfried Solderer, sein Verlag heißt Edition Raetia. Herr Solderer pflegt ab dem Mittag an seinem Stand Wein zu trinken, ich mit ihm. Ich hatte einen Termin mit Herrn Keul ausgemacht, nicht bei Suhrkamp, wo es zu voll ist, sondern bei der Edition Raetia, wohin ich alle meine Termine lege. Herr Keul kam an, aufgeräumt, nüchtern, überaus freundlich. Herr Keul ist ein sehr sympathischer Mensch, der den Kolumnisten in mir überhaupt erst entdeckt hat, da ich bislang ja eigentlich nur Romanschreiber war. Nun, was soll ich sagen, Herr Solderer bot Herrn Keul ein »Glasl« an, wie man in Südtirol sagt, und Herr Keul trank es, wir tranken auch. Wir saßen da etwa eineinhalb Stunden, und anschließend waren wir alle besoffen, auch Herr Keul. Über meine Romane heißt es, es werde in ihnen so unglaublich viel getrunken, das sei außerhalb der Normalität. Allein auf der Buchmesse beweisen aber alle immer, auch am Stand der Edition Raetia, daß das nicht stimmt. Herr Keul richtete sich unaufgefordert ebenso zugrunde, wie man sich bei Dostojewski gern zugrunde richtet, wo eine Flasche ist, wird sie ausgetrunken. Ich habe fast nie Menschen in der sogenannten Mittellage kennengelernt, in fast keinem Augenblick, mir scheint, daß diese Mittellage geradezu eine Erfindung der allerjüngsten Literatur ist, obgleich,

ich muß mich korrigieren, neuerdings der Literaturmarkt plötzlich überschwemmt wird von Sauftexten, vor allem von Ostsauftexten. Nun ja, aber die sind schon wieder so gesucht und schick in ihren Motiven, daß diesen Autoren Dostojewski wahrscheinlich als gar nicht genügend nervös erscheinen würde, denn er hat ja keinen Schick, dafür ist er auch viel zu christlich, und das ist eher hinderlich im Geschäft. So spaltet sich die Welt immerfort. Vom einen Extrem ins andere. Ich, kurz gesagt, habe alle Menschen immer als sehr seltsam und vor allem als sehr komisch und exaltiert empfunden, sie selbst sich aber offenbar nicht, und daher erklärt sich wohl der Widerspruch gegen Dostojewski. Man möchte sich von ihm nicht gern angesprochen fühlen, man ist immer höchstens Aljoscha, aber sicher nie Dimitrij Karamasow. Ich bin ganz unbedingt Dimitrij Karamasow, ich bin, ehrlich gesagt, sogar der alte Karamasow, das wird mir neuerdings auch immer begreifbarer, ist das nicht scheußlich? Als ich meinen letzten Roman Kirillow schrieb, benannt nach einer Dostojewskifigur, wurde ich gefragt, was denn das zaristische Rußland mit der heutigen Bundesrepublik zu tun habe. Das hier war gerade die Antwort. Dostojewski hat das zaristische Rußland ebensowenig interessiert wie mich die Bundesrepublik. Uns geht es um Menschen, aber letztlich nicht um Menschen in einer bestimmten Zeit an einem bestimmten Ort, und es geht uns um das Bezogensein der Menschen auf die Wahrheit. Was, kurz gesagt, ist Dostojewski für mich? Er selbst ist ein in der Tat in seiner Sprache sehr redundanter Autor. Er braucht oft fünfzig Seiten für etwas, was Tolstoj in einem Absatz sagen könnte und in einer viel kunstvolleren Sprache und mit viel größerer Leichtigkeit. Das hat damit zu tun, daß bei den großen Romanen Dostojewskis der auktoriale Erzähler oder der vermeintliche Ich-Erzähler extrem an den Rand gedrängt wird, mit Ausnahme des Jünglings. Aber auch im Jüngling, einem Roman aus der Ich-Perspektive, ist der Text fast vollständig eine Mimesis von Alltagssprache, im Jüngling kommt eine Art Tagebuchsprache dazu, also auch ein persönliches Sprechen, dem der Autor Vorrang gibt vor seiner eigenen Autorenhoheit, die ja selbst das Wort ergreifen könnte, ganz im auktorialen Sinn. Wie wir heute alle wissen, mußte Dostojewski schreiben, und es war sein erklärter Vorsatz, lange Texte zu schreiben, um möglichst Geld damit zu verdienen, Geld zum Überleben, nicht wie wir heute, die Lesungen haben und Preise und Stipendien und Frankfurter Poetikdozenturen. Dostojewski schrieb ums Verrecken und daher extrem schnell.

In den antiken Texten habe ich dagegen eine Literatur kennengelernt, die Wort für Wort ihre Sprache mit ganz anderen Möglichkeiten einsetzen kann als wir und die mit viel größerer Langsamkeit stattfindet. Allein die Wortstellung in den Gedichten des Horaz ist eine Malerei, Sie ahnen vielleicht nicht, wenn Sie die alten Sprachen nicht kennen, wie man damals mit Wortstellungen arbeiten konnte. Die Grammatiker nennen es »abbildende Wortstellung«. Lassen Sie es mich an einem berühmten Beispiel schildern, ich komme gleich auf Dostojewski zurück. Einmal legt Horaz ein Mädchen zusammen mit einem hübschen Jüngling zwischen Rosen oder Rosenblüten in eine lauschige Grotte. Welcher mit so schönen Düften gesalbte hübsche Junge, fragt Horaz, bedrängt dich denn hier, Pyrrha, zwischen all den Rosen in dieser lauschigen Grotte? Die erste Zeile der Horazschen Ode malt es aus, in der Mitte steht das Personalpronomen *te*, dich, mit dem Pyrrha bezeichnet wird, und direkt daneben steht *puer*, der Jüngling, beide sind ganz eng beisammen, als Worte wie auch dem Erzählten nach, man nennt das Junktur.

te puer

Der Junge, der das Mädchen gerade zärtlich bedrängt, vermutlich umschlingt, ist hübsch, *gracilis*. In der Mitte der Zeile steht also nicht nur *te puer*, sondern:

gracilis te puer

Das *te* in der Mitte, also Pyrrha, das Mädchen, wird von dem schönen Jüngling, *gracilis puer*, eingerahmt und umschlungen, als Wort wie auch wiederum dem Erzählten nach. Jetzt kommen noch all die Rosen, *multa in rosa*, dazu, wiederum die bisherigen einrahmend und umfangend, denn Pyrrha und der Jüngling liegen ja zwischen ihnen, vielleicht sind es ausgestreute Rosenblüten, um das Lager weich zu machen:

multa gracilis te puer in rosa

Das ist ein Gemälde mit Worten, lateinische Prosa hat dieselben Möglichkeiten, aber Deutsch könnte so kaum funktionieren, und Russisch auch nicht. Die Literatur der Antike war eine Literatur Wort für Wort, aber an der neuen Literatur, das geht für mich los mit solchen Texten wie dem Fortunatusroman über den grandiosen Grimmelshausen bis eben zu dem, was wir heute so lesen, von Goethes Prosa über Raabe und Fontane bis hin zum Thomas Mann der Buddenbrooks, an der neuen Literatur ist für mich das Hauptkriterium die Redundanz. Jeder Text hat immense redundante Felder, allein die Unmasse an wiedergegebenen Dialogen, die also mimetisch an der gesprochenen Sprache dran sind, ist sehr redundant, weil gesprochene Sprache eben redundant ist. Verfeinern Sie einen Text heute Wort für Wort, laden Sie jedes Wort auf, und dann kommt im besten Fall ein Nach-Buddenbrookscher Thomas Mann heraus, der hat es nämlich geschafft, auf eine die Redundanz mitbedenkende Weise dieser ein Schnippchen zu schlagen. Oder es kommt so etwas heraus wie Joyce, nun ja, den mögen Sie ja alle, mir ist das eher suspekt. Ein Roman muß für mich großzügig, großflächig erzählt sein, und man darf über die verwendeten Sätze nicht allzuviel nachdenken, sonst wird es leicht peinlich, Ausnahme im Deutschen für immer und ewig: Thomas Mann. Thomas Mann, also der Mann nach den Buddenbrooks, der nach dieser Riesenleistung ein echtes Problem hatte, kommt einerseits aus der Traditionslinie der Redundanz, des flächig, vermeintlich realistisch erzählten Romans. Zur anderen Hälfte kommt dieser zweite Thomas Mann aber aus der Tradition, die etwas mit Sterne, mit Jean Paul, mit Raabe, auch wenn er den vielleicht gar nicht kannte, zu tun hat. Das hat ihn nach den Buddenbrooks gerettet. Aber lassen Sie mich nicht von Thomas Mann reden, zu dem ich emporschaue als zu einem meiner drei, vier größten Autoren deutscher Sprache überhaupt, auf einer Höhe mit Wolfram von Eschenbach und Grimmelshausen, sondern lassen Sie mich zu dem Thema Dostojewski und sprachliche Redundanz zurückkommen. Bei Dostojewski reden die Menschen unablässig. Die großen späten Romane, Idiot, Dämonen, Schuld und Sühne, Brüder Karamasow, bestehen weitgehend aus gesprochener Sprache oder zumindest aus der Sprache einer Figur, die gerade spricht oder etwas niederschreibt. Was machen die Menschen im Reden bei Dostojewski? Nun, zum einen breiten sie sich aus, mitunter auf sehr unangenehme Weise. Zum anderen verwirren sie sich dauernd. Es gibt bei Dostojewski nie ein gelingendes Gespräch. Alle reden im Grunde dauernd aneinander vorbei, weil alle wie durch einen metaphysischen Graben voneinander getrennt sind, jeder befindet sich in seiner eigenen Welt, Sprache schafft da nie die Fiktion, Menschen könnten einander verstehen. Menschen ändern sich ja auch dauernd, eben sind sie noch so, und zwei Minuten später sind sie anders. Verstehen ist Sache einer Fiktion binnen dem Gespräch. Ich glaube, wenn man in einem Gespräch sagt, man verstehe sich, dann hätschelt man sich, dann will man zärtlich sein. Einige Minuten später sind sowieso beide Unterredner schon wieder woanders. Wahrheit hat mit Sprache nichts zu tun, und Menschen können einander nicht verstehen, denn das wäre ja bereits Gottes Reich auf Erden, und wie ich vorhin gesagt habe, streben wir ja unsinnigerweise dauernd diese Utopie an, es könne ein Heil unter Menschen geben. Man wird es aber nicht finden, wenn man es unter den Menschen sucht, denn bei den Menschen ist es unmöglich, wie Jesus im Matthäusevangelium sagt. Wahrscheinlich kann es nicht mal ein haltbares Verständnis zwischen ihnen geben, höchstens eines für den Augenblick, weil man gerade weich gestimmt ist. Dostojewski hat das völlig in seiner literarischen Form aufgehoben. Er hat das Objektive, den Sprecher von außen, weitestgehend getilgt. Alles Reden ist schwammig bei ihm, auch die einzelnen Personen zeigen Kohärenz eher dadurch, daß sie dauernd zerfallen in die verschiedensten Richtungen. Man sage jetzt bitte nicht, das sei spezifisch russisch. Das glaube ich nicht. Als ich siebzehn war, kannte ich keine Russen und wußte nichts über Rußland, und dennoch oder gerade deshalb kam es mir so vor, als redete Dostojewski von den Menschen, die unmittelbar um mich herum waren, in Friedberg in der Wetterau im Jahr 1984. Diese Menschen widersprachen einander ebenfalls andauernd, und sich selbst widersprachen sie natürlich auch. Jedes Gespräch führte immer ins totale Abseits. Es war wie bei Dostojewski, sie redeten über ihre Ideen, über die Gesellschaft, über ihre Vorstellungen, und niemand verstand den anderen, es sei denn alle zusammen glaubten urplötzlich auf höchst naive Weise daran, völlig dasselbe zu meinen. Fünf Minuten später waren sie wieder heillos zerstritten. Es ist ja auch gut so, denn verstanden werden kann man nur von Gott, erst in ihm löst sich alles, und man kann die anderen Menschen nie erkennen, man kann nur Gott wirklich erkennen, und in dem Augenblick hat man auch alle anderen verstanden, jeder Gläubige wird das begreifen, man hat sich ja in der Gemeinde geradezu an solche Sätze gewöhnt, die allerdings ziemlich kompliziert sind, auch die Falschen sagen diese richtigen Sätze dauernd. Jeder Nichtgläubige wird, auf seine Weise auch zu Recht, gar nichts an solchen Sätzen verstehen, er wird sie für einen pleonastischen Blödsinn halten, der in die Titanic gehört. Die Sprache in Friedberg in der Wetterau führte ins Abseits in jeder Sekunde, ich lebte das siebzehn Jahre und las es bei Dostojewski zum ersten Mal, als wäre er mein Bruder gewesen, unmittelbar neben mir aufgewachsen, nur etwas älter. Hier in Frankfurt an der Universität machte ich natürlich dieselbe Erfahrung. Gespräche in Fachfragen, also in kom plizierter Rede mit komplexen Fragen, da sind ein Verständnis und ein Konsens leicht möglich, aber in den einfachen Dingen und Fragen nicht. Das war wie im bereits erwähnten Chemieunterricht. Sprechen Sie die Sprache der Marsmenschen, und Sie haben einen Konsens. Sprechen Sie Ihre eigene, die, die Sie einfach so haben und die das einzige Instrument zur Wahrheit sein kann, und Sie werden nie einen Konsens haben, höchstens für einen kurzen Augenblick. Dostojewski, die hysterischen Höhen und Tiefen seiner Figuren, die ganze Bandbreite seiner Figuren von den total Depravierten bis hin zu den quasi Heiligen, das Seite-um-Seite-Schreiben ums Verrecken, so schnell wie es geht, also auch die Verweigerung der Künstlerattitüde, eine Prosa, die zugibt, daß sie hingerotzt ist, und dabei ein Autor, der mehr als alle anderen alles im Menschen kennt und in aberwitzig vielen dialektischen Stufen dauernd vernichtet, bis zum Schluß eben nur der liebe Gott als die einzige Wahrheit stehenbleibt, das sind so die

Dinge, die mir Dostojewski zu dem wichtigsten Autor gemacht haben, den ich jemals haben werde, abgesehen vom Evangelisten, der aber *hors catégorie* läuft. Hier möchte ich auch mal einen kurzen Einschub zu Thomas Bernhard machen, mit dem ich öfter verglichen werde. Thomas Bernhard ist kein Autor der Verwirrung, sondern eher des zielstrebigen Behauptens. Ein Verwirrer, also ein Dummer im Sinne von Cusanus, ist er nicht. Bernhard ist auch kein Autor auf der Suche, sondern er inszeniert eine Suche. Dennoch gibt es eine Gemeinsamkeit zwischen ihm und mir, auch wenn sie völlig banal ist. Ich schreibe, das habe ich von Dostojewski, verhältnismäßig schnell, ich schreibe oft so, wie ich denke, und fühlte mich peinlich, raffinierte ich meine Sätze. Zudem habe ich fast immer ein Ich oder eine Rednerfigur, die redet, wie bei Dostojewski. Selbst mein letzter auktorialer Roman raffiniert seine Sätze nicht, der Erzähler selbst, die auktoriale Stimme, ist holprig wie ein Mensch. Auch im Text dieser Vorlesungen mit dem kurzen Titel Ich, dem kürzesten, den eine Frankfurter Poetikvorlesungsreihe jemals hatte, redet ein Ich, nämlich ich, aber dennoch ein Text-Ich, und ich schreibe diese Vorlesungen in Rom immer sehr schnell, nachts zwischen zwölf und zwei, in einer Sitzung entstehen zehn Seiten, und je weniger ich darüber nachdenke, desto besser geht es, kommt mir vor. Wenn man schnell schreibt, schreibt man auf eine gewisse Weise. Die Sätze werden automatisch länger, rhythmischer, man macht dauernd Einschübe, die hypotaktisch daherkommen, aber in Wahrheit parataktisch sind, man setzt weniger Punkte als normal, man macht kaum oder keine Absätze. Oder die Sätze werden sehr kurz und exklamatorisch. All das ist das Produkt des Nicht-Nachdenkens beim Schreiben. Ich glaube, es war Bismarck, der Stilkünstler, der einmal gesagt hat, wenn er einen Brief von hundert Worten schreibt, dann braucht er dafür viel länger, als wenn er einen mehrseitigen Brief schreibt. Kürze ist eine eigene Sache und hat ihre eigenen Effekte. Es gibt kurze Reden, die waren sehr folgenreich und effektiv, zum Beispiel Lincolns berühmte Rede in Gettysburg. Um eine solche Rede zu formulieren, braucht es zum einen natürlich einen inspirativen Funken, aber man muß sich auch sehr im Zaum halten. Die Sprechsituationen in meinen Texten sind nicht Situationen einer Rede, sondern des Gesprächs, obgleich ich auch manche Reden in den Büchern geschrieben habe, die Rede eines Notars bei einer Testamentseröffnung, die Rede eines deutschen Agitators in Südtirol, gehalten vor einer Burg mit Asylanten drin, die gerade von der Polizei geräumt wird, die Rede eines Frankfurter Studenten auf einem Schiff, der Wappen von Frankfurt, auf der Fahrt nach Mainz. Allesamt Reden, die bei mir im totalen Chaos untergehen, anders als Lincolns Rede, die damals übrigens nur mäßigen Applaus erhielt, obgleich sie die berühmteste Rede in der Geschichte der Vereinigten Staaten ist. Bei meinen Gesprächen ist auch immer ein inspirativer Funke nötig, aber im Zaum halten sich meine Redner, meine Gesprächsteilnehmer zumeist nicht, sie kommen von einem zum nächsten und vom Hundertsten ins Tausendste, denn sie verwirren sich, und die Verwirrung ist keine schlanke Form wie Lincolns Gettysburg-Rede, sondern eine barocke Form, Verwirrungen wie Verschlingungen. Bernhard ist ein wirrer Autor, aber keiner der Verwirrung. Bernhard und ich sind, was das angeht, einander entgegengesetzte Autoren, aber in einem sind wir ähnlich, wir schreiben, wenn auch aus unterschiedlichen Gründen, ohne uns in der sonst üblichen, raffinierenden Weise im Zaum zu halten. Arnold Stadler macht das übrigens in gewisser Weise auch. Übrigens klingen wir alle drei manchmal ziemlich wie meine Heimatzeitung, die Wetterauer Zeitung, die schreiben auch schnell, benutzen viel Konjunktiv und bewegen sich oft im ländlichen Raum, und eine meiner frühen Inspirationsquellen waren Berichte über, sagen wir, Geflügelzuchtmessen, bei denen alles in einem Gerichtsreportagestil mit scheinbarer Exaktheit und grandios komischen, wenn auch unfreiwillig komischen Konjunktiven beschrieben wurde, ich habe das immer sehr genossen, es war immer meine Heimat, zu der ich nie dazugehörte, auch wenn ich da herkomme, ich kann ja nicht mal den dortigen Dialekt und mußte mich, wie die Wetterauer Zeitung, in den Konjunktiv retten, um die Sätze meiner Heimat festhalten zu können in einer verfremdenden Bewahrung.

Diese Vorlesung heißt Die Verwirrung, sie ist, wie alle meine Texte, ein Produkt der Verwirrung, der permanenten Selbstverwirrung und der meiner Zuhörer. Ich kann doch, wenn ich aufrichtig bin, nur zu begründen versuchen, warum alles immer in mir in einer Verwirrung stattfindet und warum ich verwirrtes Reden von Anfang an als die Wahrheit der Menschen gesehen habe, auch und vor allem meine. Ich war ja auch nie ein Autor des Monologs, sondern der chaotischen, schlimmen Dialoge. Die Verwirrung als das eigentliche Thema, die Verwirrung unter den Menschen, also daß Wahrheit hier unter uns nicht möglich ist, sondern nur für den einzelnen. Konkreter gesagt: daß ich Wahrheit für mich erreichen kann, daß es aber an der Wahrheit und an Gott vorbeigeht, wenn ich in der Menschenwelt im Austausch mit anderen und im diskursiven Ausgleich Wahrheit möglich machen will. Wahrheit unter den Menschen, kollektiv gefaßt, ist Mord und Diktatur. Wären alle wahr, jetzt und gleich, wäre es allerdings das Paradies, aber dann wären wir ja auch alle bei Gott und wären zu unserem Ursprung, von dem wir getrennt sind, zurückgekehrt.

In meinem Leben waren mir viele Autoren bedeutsam, von vielen habe ich gelernt, zu nennen wären unter den Toten auch Wilhelm Raabe und der bereits erwähnte Lukrez, der eine lehrte mich vielleicht mehr als andere, was moderne literarische Formelemente können, also Raabe, nämlich daß mittels dieser Elemente der Text sprechen und Sinn transportieren kann. Beispiel: In meinem letzten Roman habe ich mein gesamtes Personal auf den letzten Seiten übel zugerichtet. Erst lasse ich sie dreihundert Seiten durch Frankfurt laufen, mit ihren Gedanken und Gesprächen, Gespräche so nutzlos wie an jeder Universität, in jeder Kneipe, in jeder Zeitungsredaktion, dann überführe ich alle meine Personen zu einem Ort, wo sie der Polizei im Großaufgebot begegnen, und diese räumt dann sozusagen in meinem Roman auf, zum Schluß ist von meinem Personal keiner mehr übrig. Ein Buch, das sich selbst aufräumt bzw. abräumt, das ist ein Formgedanke ganz im Sinne Wilhelm Raabes.

Der andere, also Lukrez, lehrte mich, alles, wirklich alles im Text drinzuhaben, vom pubertären Bravo-Fotoroman bis hin zu Immanuel Kant, vom Höchsten bis zum Niedersten als dem, was wir sind in jedem Moment. Meine Vision eines bunten, lebendigen, formstrengen Textes, wie er mir nie gelungen ist, habe ich von Lukrez. Weltumspannender noch als der Zauberberg, dazu versponnen, polemisch in allen Gliedern, ein Text, der durch die Welt wie durch ein Bilderbuch führt und doch nur die Ausführung eines einzigen Gedankens ist, auf allen Ebenen. Nie ist die atomistisch gedachte Welt detaillierter ausgeführt worden als bei Lukrez, und nie versponnener, nie bildreicher, man wird von einem völlig vereinsamten Universum und einer großen Leere angeweht und zugleich von der Buntheit des Lebens, seinen Farben, seinen Naturerscheinungen, den Vögeln, den Menschen, ihrer Liebe, ihrer Banalität, ihrem Genius. Dieses Buch ist für mich ungeheuer, und dabei war ich nie Atomist, teile also nicht einmal die Grundthese dieses Lehrgedichts über die Natur. Seinen Geist teile ich wohl, obgleich ich an den lieben Gott glaube als an die einzige mögliche Wahrheit, das macht Lukrez nicht. Aber das sollten jetzt nur Stichworte zu Raabe und Lukrez sein, lassen Sie mich abschließend noch von einem Autor sprechen, der mich stärker geprägt hat als viele andere. Er kommt aus Friedberg in der Wetterau, wie ich, was ich gar nicht wußte, als ich ihn kennenlernte, das war etwa 1995, da war er schon lange tot. Er starb, da war ich neun, am Bodensee. Als Kind habe ich manchmal von seinen erfundenen Figuren gehört, ich wußte als Jugendlicher auch, daß er eine Zeitlang eine gewichtige Rolle im Leben der Hessen gespielt hat, aber ich hatte kein näheres Bild von ihm und kannte sein Werk nicht. Der Mann, von dem ich rede, heißt Wolf Schmidt. Ich muß schon sagen, daß mir die Augen übergingen, als ich mit etwa sieben- oder achtundzwanzig Jahren zum ersten Mal eine Folge der Firma Hesselbach sah, und zwar Folge zwei, das Techtelmechtel. Ich hatte nie eine Fernsehserie gesehen, in der sämtliche Protagonisten sich so heillos in einen katastrophischen, noch dazu nie zu Ende kommenden Gesprächsprozeß begeben wie in der Firma Hesselbach und später in der Familie Hesselbach. Wolf Schmidts Grundthese ist für mich immer gewesen, daß Kommunikation unter Menschen nicht gelingen kann. Diese These stützt sich bei Wolf Schmidt allerdings nicht auf irgendwelche kommunikationstheoretische Fundamente, nicht auf eine Analyse dessen, wie Kommunikation sich theoretisch fassen ließe, sondern Wolf Schmidt geht schlicht davon aus, daß die Menschen grundlegend einfach nicht verstehen *wollen*. Im Grunde ist seine Fernsehserie eine einzige Invektive, gerichtet gegen die gesamte Menschheit. Kommunikation ist unter den Menschen als eine, die gelingt, nicht möglich, weil sie gar keiner will, ebenso verhält es sich mit der Wahrheit, die für die Menschen laut Herrn Hesselbach im Regelfall die schlimmste aller Beleidigungen ist, und ebenso verhält es sich mit der Gerechtigkeit, über die Herr Hesselbach sagt, Gerechtigkeit ist für die Leute, wenn man ihnen Recht gibt. Die Kommunikationsakte, die bei den Hesselbachs noch am ehesten gelingen, sind die Geschäftsabschlüsse oder das geschäftliche Reden, etwa zwischen Karl Hesselbach und seinem Sohn Willi oder später Herrn Lindner als Nachfolger Willis auf dem Prokuristenstuhl. Aber sobald sich die Menschen bei den Hesselbachs wie die wirklichen Menschen von ihren Fach- und Spezialfragen wegbewegen, um zu den einfachen Dingen zu kommen, sagen wir zu einem Mittagessen, bricht sofort das Chaos aus und jede Sprache zusammen. Wolf Schmidt analysiert in der Rolle des Karl Hesselbach diese Zusammenbrüche zwar manchmal, aber er kann sie nie verhindern. Denn selbst wenn Karl Hesselbach im Vergleich zu den anderen tendenziell eher analytische Einsicht in den Nichtgelingensprozeß von Sprache unter den Menschen hat, so trägt er diese Analysen doch eher uns, den Zuschauern, vor. Oder haben wir je, wenn Herr Hesselbach ein wieder einmal entstandenes Gesprächschaos rekonstruiert, um durch die Herleitung des Chaos die Leute dazu zu bewegen, einzusehen, daß sie allein für dieses Chaos verantwortlich sind und sonst niemand … haben wir dann jemals das Gefühl, etwa seine Frau Marie, gespielt von Liesl Christ, würde ihn bei seiner Rekonstruktion verstehen? Wenn Herr Hesselbach glaubt, seine Frau habe ihn, den Gesprächsprozeß abschließend, endlich verstanden, dann ist dieser Glaube immer ein Irrglaube aus menschlicher Schwäche und das scheinbare Einverständnis seiner Frau nur Auslöser einer anschließenden weiteren, noch höheren Stufe des Gesprächschaos. Und Marie Hesselbach versteht nicht deshalb nicht, weil sie nicht folgen könnte, sondern sie versteht deshalb nicht, weil sie immer etwas anderes unter dem Gesagten verstehen will und nie das, was gerade gesagt wurde. Stufe eins des Chaos bei den

Hesselbachs beginnt nämlich schon damit, daß die Leute nicht zuhören wollen. Und weil sie nicht zuhören wollen, können sie es auch nicht. Das ist eine tägliche Lebenserfahrung. Die Menschen gehen in ihren Köpfen immer weiter, auch wenn man mit ihnen spricht. Sie unterbrechen ja ihren eigenen Willen nicht, während sie zuhören. Meistens sieht man sogar ihrem Gesichtsausdruck an, daß sie nur unwillig zuhören, oder es malt sich in ihren Gesichtern die Freude darüber, was sie selbst gleich sagen werden, und sie warten das Ende des gegnerischen Redebeitrags nicht etwa ab, um zu verstehen, sondern nur, um anschließend ihren eigenen Einfall vorzubringen. Aber weil sie oft schon das nicht aushalten, fallen sich alle bei den Hesselbachs immer ins Wort, und Höhepunkt einer jeden Massenszene ist, wie auch in meinen Büchern und wie auch bei Dostojewski, immer das Chaos. Natürlich, Kunst ist nicht dazu da, die Realität nachzubilden. Aber ist sie dazu da, dieselbe zu beschönigen? Wenn auch nur deshalb, weil es dem Künstler und dem Konsumenten besser gefällt, sich aus der Welt gerne eine gute, funktionierende, vor allem intelligente und interessante Welt zu machen? Wenn ich heute die Literatur um mich herum lese, lese ich interessante Gespräche intelligenter Leute über ausgefallene Dinge. Das ist, was die Leute interessiert, aber für mich ist es eine Verschönerung. Ich sehe die Welt so nicht, aber ich sehe, daß diese Kunst einen Bezug zur Realität hat, und zwar den der Verschönerung. Man reist literarisch gern durch interessante Wüsten oder Länder und hat dort gern interessanten Sex oder eine doch sehr ansehnliche Liebesgeschichte, eine Liebesgeschichte natürlich in

New York oder Hongkong, das kommt alles bei den Hesselbachs Gott sei Dank nicht vor, und bei mir auch nicht, eben deshalb, weil ich darin eine Verschönerung sehe, es kommt darin der Wunsch zum Ausdruck, wie man die Welt und das eigene Leben gern hätte, nämlich interessant, aber dieser Wunsch wird nicht erkannt und zergliedert, sondern dargestellt, heraus kommt ein Interessantes. Das hat *nota bene* auch Thomas Bernhard, der angebliche Negativkünstler, ständig gemacht. Bernhard, wie er die Welt wollte und sich. Ich halte das für ein Grundübel gewisser neuerer Literatur, bei Thomas Mann wäre das völlig undenkbar gewesen. Daß man sich quasi eine Welt erschreibt, wie man sie gern hätte, auch im Negativen. Das ist ja Kitsch. Das spielen Kinder vor dem Spiegel. Wolf Schmidts Familie Hesselbach, für viele das Urbild eines gemütlichen Fernsehnachmittags, ist kein Kitsch, sondern das Gegenteil. Die Familie Hesselbach lügt die Welt nicht in eine höhere Qualitätsstufe hinauf, sie implementiert dem Zuschauer ein schleichendes Gift, nämlich das Gift der Selbsterkenntnis. Daß das im Rahmen einer Gemütlichkeitsfernsehserie geschieht, ist natürlich genial. Wolf Schmidt ist ein furchterregender Misanthrop, aber als solcher nicht schick, und er kommt aus Friedberg in der Wetterau, wie ich. Grundlage seiner Misanthropie ist etwas höchst Einfaches, höchst Banales, an dem er aber bedingungslos festhält, nämlich daß die Menschen grundsätzlich eine Sprache der Aufrichtigkeit, der Ehrlichkeit, der Wahrheit sprechen, aber nie aufrichtig, nie ehrlich und nie wahr sind. Deshalb, eben weil es so banal ist, kommt Wolf Schmidts Kunst auch so ohne jegliches Pathos aus. Ich saß vor elf Jahren vor dem Fernseher und konnte nicht glauben, was ich sah, ich schaute anschließend zwanghaft jede Folge, und Wolf Schmidt hat mein Schreiben und meine Sprache stark beeinflußt. Es gibt Szenen in meinem ersten veröffentlichten Roman, Wäldchestag, die sind ohne Wolf Schmidt überhaupt nicht denkbar. Figuren andauernd aneinander vorbeireden zu lassen, das lernte ich von Wolf Schmidt, ob das etwas mit unserer gemeinsamen Heimatstadt zu tun hat, weiß ich nicht. Wolf Schmidt, das größte Genie, das Friedberg je hatte, überhaupt die Wetterau. Folge sechsundzwanzig, genannt Die Erbschaft, hat sogar ganz unmittelbar den bereits erwähnten Wäldchestag ausgelöst. In Folge sechsundzwanzig versammelt sich eine Trauergemeinde im Haus des verstorbenen Kommerzienrats Eduard Hesselbach und zerstreitet sich heillos in Anwesenheit des in seiner Arbeit, der Testamentseröffnung, ständig gestörten Notars und der Haushälterin. Die Art und Weise, wie da Gier ausbricht und plötzlich kein Halten mehr ist, ist zur Keimzelle des Wäldchestages geworden, und im dritten Drittel des Romans kommt es zur ersten Massenszene, die ich je geschrieben habe, einer Testamentseröffnung, bei der ein Tumult ausbricht, der ganz und gar Hesselbachschen Charakter hat. Auch die Fahrt nach Mainz auf der »Wappen von Frankfurt« hat ein Vorbild bei der Firma Hesselbach, Folge elf, Der Betriebsausflug. Der Betriebsausflug findet natürlich auf dem Main statt, es wird geredet und getrunken, und selbstredend endet alles im Chaos, wie immer unter den Menschen, wenn sie sich in eine Gruppe begeben und also aufhören, sie selbst zu sein, denn die Gruppe ist der Tod des Menschen, wie es in meinem letzten Roman heißt, in dem auch Karl Hesselbach zitiert wird, nämlich mit jenem Satz über die Wahrheit als der schlimmsten aller Beleidigungen. Der Betriebsausflug bringt mich zum Schluß und zum Titel des nächsten Vortrags, der Der Betrieb heißen wird, womit der Literaturbetrieb gemeint ist, der bisweilen auch seine Ausflüge macht, und nächste Woche mache ich mit Ihnen, wenn Sie mögen, zum Abschluß dieser Vorlesungsreihe einen kleinen Ausflug in den Betrieb, den Literaturbetrieb, und zu einzelnen seiner Mitglieder. Ich wünsche Ihnen einen schönen Abend, und bleiben Sie gesund, und halten Sie die Singvögel in Ehren, sie sollen uns nämlich nach Matthäus ein Vorbild sein. Und erst, wenn wir sind wie sie, werden wir gut sein, also, kurz gesagt, nie. Sagt Matthäus. Ich auch.

5.

Der Betrieb

Meine sehr verehrten Damen und Herren, ich bin unter die Bücher gegangen und habe Menschen gesucht und habe Menschen gefunden, wahre Menschen, Ichs wie ich oder noch mehr. Dann schrieb ich Bücher und kam in den Literaturbetrieb und suchte dort, in einer grandiosen Verwechslung, Menschen wie in den Büchern oder mich, fand aber keine. Ich begann diese Vorlesungen über Poetik mit einer Verweigerung, der Verweigerung des Kindergartens, dann schilderte ich in zwei Kapiteln, was meine Form sei, nämlich daß ich keine habe, daß bei mir sowieso nie etwas aus dem Können, sondern alles immer aus dem Nichtkönnen geschieht, auch eine Art Verweigerung, wenn auch eine notgedrungene, ich kann ja bis heute nicht schreiben und versuche es immer nur, dann bin ich auf Matthäus gekommen, den Evangelisten, und schließlich sprach ich beim letzten Mal von gewissen Vorbildern und auch von Nichtvorbildern. Nun wird es Zeit für den Einstieg in den Literaturbetrieb, den ich das letzte Mal als Ausflug angekündigt habe, obgleich er kein Ausflug ist, so wie der Besuch eines Kindergartens auch kein Ausflug ist. Am Anfang machte ich im Literaturbetrieb denselben Fehler, den ich immer mache. Ich dachte, ich sei jetzt endlich dahin gekommen, wo alle mich verstehen und alle so sind wie ich, vielleicht habe ich das auch im ersten Moment im Kindergarten geglaubt, bis das Erschrecken kam, das Erschrecken über die Menschen, das mich bis heute nicht losgelassen hat. Vielleicht hatte ich mir im Literaturbetrieb sogar eine Art von Paradies ausgemalt, weil ich in der Literatur, also in den Büchern, also in den Menschen, die die Bücher schrieben, Ichs angetroffen hatte, Menschen wie mich oder wie Menschen, die noch mehr Ich waren als ich, und die heute alle Teil meines Ichs sind. Ich kam also in den Betrieb, und wäre ich nicht in ihm, stünde ich jetzt nicht vor Ihnen und Sie kennten mich nicht. Ich müßte oder dürfte diese Vorlesungen nicht halten, ich würde übermorgen nicht wieder nach Rom fahren, denn auch nach Rom mußte oder durfte ich nur, weil ich in den Betrieb gekommen bin. Meine Damen und Herren, stellen Sie sich einmal vor, ich wäre nicht in den Betrieb gekommen. Dann wäre ich heute ganz derselbe, der ich bin, aber keiner von Ihnen würde mir zuhören, und jetzt hören Sie mir alle zu. Dabei hätte ich dasselbe zu sagen wie jetzt, nämlich nichts. Ich hätte auch in dem Fall, daß ich kein Autor bin, allenfalls aus dem Nichts etwas machen können, eine Form, eine Form für nichts, wie auch jetzt hier in diesen Vorlesungen, denn Ich, diese drei Buchstaben sind der Mittelteil des Wortes Nichts, das Nichts umschließt das Ich, und darum herum ist der liebe Gott, deshalb ist er ja so lieb, weil er um das Nichts herum ist, das furchtbar ist, und das Nichts ist allein deshalb furchtbar, weil es mich enthält und sich um mich herumlagert und mich ein- und abschließt, eben wie es dem Wort Ich geschieht, da es im Wort Nichts enthalten ist. Ich bin inmitten des

Nichts, und das Nichts drumherum sind unter anderem Sie, meine Damen und Herren, und so versammeln wir uns hier in diesem Saal. Ich möchte ja nicht allein sein. Aber ich bin es, auch wenn das um mich herum wie eine Welt aussieht. Die Welt kann ich aber nicht kennenlernen, denn sie ist ja nichts. Wenn ich den lieben Gott kennenlerne, dann lerne ich auch die Welt kennen, so aber, ohne ihn, wenn ich beispielsweise auf Reisen gehe, lerne ich nur das Nichts kennen und mittendrin immer mich, einsam, drei Buchstaben im Nichts, mehr nicht. Aber für viele ist schon das zuviel, sie wollen nicht einmal ein Ich sein, sie wollen gleich aufgehen in der Welt, im großen Nichts. Die gehen dann nicht in sich, sondern vielleicht auf Reisen. Die bleiben gleich nichts. Dort, auf Reisen, zahlen sie dann mit Geld, denn das Nichts kostet immer Geld. Ich zahle auf meiner Reise nicht mit Geld, sondern mit mir. Grundvoraussetzung dessen, daß man zum lieben Gott, also zur Welt, also zu sich kommt, ist das Ich. Ich muß sein, und dieses Ich muß um sich herum das Nichts haben. Deshalb darf ich mich nicht wegwerfen, auch wenn ich in Wahrheit nichts bin, ich bin nur Teil der Wahrheit, nichts Ganzes. Aber das muß ich annehmen, und das bedeutet, ich muß darauf beharren, Ich zu sein, sonst komme ich nicht zu Gott, sondern immer nur zu nichts. In abbildender Wortstellung müßte das aussehen wie die Horazzeile aus der letzten Vorlesung: Ich in der Mitte der Zeile, rechts und links von mir, mich umschlingend, das Nichts, und drumherum die Rosenblüten, das ist der liebe Gott. Daher haben auch meine Texte immer ein zentrales Ich, auch wenn es nicht spricht, weil es, im Gegensatz zu allen anderen, gar nichts zu sagen hat und damit der Wahrheit vielleicht weniger fern ist und den anderen dadurch vielleicht auch weniger gefährlich, aber sie hassen dieses schweigende Ich dafür natürlich nur um so mehr. Vergruppt kommt man nicht zu Gott, und da auch der Literaturbetrieb eine permanente Vergruppung ist, kommt man da auch nicht zum lieben Gott, aber man kann darüber schreiben oder sprechen, so wie ich hier, sprechen und schreiben kann man nämlich über alles in diesem Betrieb, der nicht die Wahrheit ist, denn man zahlt in ihm mit Geld. Übrigens wird im Betrieb aus allem ein Buch gemacht, radikal und rücksichtslos, und also wird auch aus dieser Vorlesung ein Buch gemacht, denn das ist der Betrieb. Mein Verlag sagte mir: Gib doch bitte, wenn es geht, dein Manuskript bei der ersten Vorlesung schon ab, dann ist das Buch vielleicht schon bei der letzten Vorlesung da. Meine sehr geehrten Damen und Herren, in meiner Realzeit ist jetzt noch nicht einmal Ostern, Eintracht Frankfurt ist eben vor einer Stunde gegen Bielefeld ins Pokalfinale eingezogen, Sie, meine Damen und Herren, wissen heute, zwei Monate später als ich jetzt, nicht nur, wer der Gegner gewesen sein wird, ob Sankt Pauli oder die Bayern, sondern Sie wissen sogar, wer DFB-Pokalsieger ist, im Gegensatz zu mir, der ich nicht mal weiß, ob ich eine Karte bekommen werde für das Endspiel. Das ist die Relativitätstheorie zwischen Autor und Leser, zeitlich gesehen, was hier zwischen Rom und Frankfurt gerade sichtbar wird, räumlich gesehen, denn der, der das schreibt, ist ja gerade in Rom am Tag des Halbfinales gegen Bielefeld, und der, der hier liest, ist gerade in Frankfurt, so etwas vergißt man leicht als Zuhörer. Sie, meine sehr verehrten Damen und Herren, kommen nicht aus der Vergangenheit, ich schon, das ist mein Schicksal als Autor. Ich komme immer aus der Vergangenheit. Ich rede ja auch nicht aus dem Stegreif heraus, also aus dem Wort heraus, das nur wenige richtig schreiben können. Man steht und man greift, so wäre es vielleicht sogar viel schöner, stehen und greifen. Im Stehen nach Worten greifen. Das Wort heißt aber nicht Stehgreif, sondern Stegreif, man stand als Heerführer auch in Rom im Stegreif, der vom Sattel hing, und hielt so seine Rede an das Kriegsvolk.

Eben in Rom war ich also noch ein Ich, und heute liege ich schon als Buch vor Ihnen, auf dem Ich steht, vorausgesetzt, der Verlag hat erreicht, was er wollte, nämlich aus mir am letzten Tag der Vorlesung schon ein Buch mit dem Titel Ich gemacht zu haben. So schließt sich der Kreis. In den Büchern suchte ich immer ein Ich, und jetzt bin ich ein Buch geworden. Ein Buch, auf dem Ich steht. Als mein Verlag mir den Wunsch antrug, ich möchte doch diese Vorlesungen halten, und sie mich fragten, wie denn die von Ihnen, Herr Maier, also mir, gewünschte Vorlesungsreihe heißen sollte, zuckten alle etwas zusammen, als ich den Titel nannte, Ich. Vielleicht wußten sie gar nicht, daß ich damit gar nicht mich meinte, sondern in erster Linie andere bzw. etwas, das nicht fehlen darf, meistens aber fehlt. Ich bin ja nicht viel. Andere sind mehr. Viel mehr. Und viel mehr Ich. Und damit auch viel mehr ich. Dostojewski bin ja ich. Oder sollte ich es anders sagen, Dostojewski ist ja ich. Und Stadler, und Kurzeck, und Thomas Mann, und Marcel Proust, und Hamsun, und Lukrez, übrigens auch der Massenmörder Julius Cäsar, ein Stilgenie sondergleichen und einer meiner großen Autoren, alle die wabern ja dauernd in mir herum und teilen sich mein Ich mit mir, und dennoch sind wir nicht vergruppt, sondern Menschen geblieben, im Gegensatz zu anderen, die ständig vergruppen und sich ent-ichen und vom Betrieb vergruppt und ent-icht werden, denn sie zahlen Geld, und das sollen sie tun, denn das wollen die Verleger, und ich lebe sogar davon, ich hier mal nicht im emphatischen Sinn gebraucht.

Ich suchte im Literaturbetrieb Menschen, und zunächst fand ich einen Verlag. In einem Verlag befinden Sie sich an einem Ort, der suggeriert, er sei für Sie da. In Wahrheit ist der Verlag zunächst für sich selbst da. Verkaufen Sie gut Bücher, sind Sie sofort guter Freund des Verlags. Verkaufen Sie nicht gut Bücher, sind Sie nicht unbedingt Freund Ihres Verlags. Ich hatte das Glück, zu verkaufen, wie lange noch, keine Ahnung. Was mein Verlag mit mir macht, wenn ich erfolglos geworden bin, weiß ich nicht, diese Vorlesungen hier sind ja möglicherweise ein Beitrag zur fortschreitenden Selbstenthypung, allein durch die Rede vom lieben Gott, aber ich traue dem Verlag zu, daß er dann das Richtige machen wird, nämlich mir Geld geben. Vor dem Publikum, wie es heranerzogen wurde von dem eigenartigen Medium Fernsehen durch das Literarische Quartett und Marcel Reich-Ranicki, der seine Autorität, die er beim Publikum hat, lieber ungenutzt hätte lassen sollen, vor diesem Publikum muß man, glaube ich, nicht bestehen. In Friedberg in der Wetterau sagte mir meine Buchhändlerin, wie es nach Quartettsendungen vonstatten gegangen sei. Da Herr Reich-Ranicki sich, wie auch die anderen, laut Buchhändlerin meist für Sexstellen interessiert habe, seien am nächsten Tag nach der Sendung regelmäßig Herren erschienen, die dann das betreffende Buch auf der Suche nach den betreffenden Stellen undsoweiter. Als ich im Quartett war, nein, als ein Buch von mir im Quartett war, saß ich bei meinem damaligen Lektor, schaute mir die Sendung an, und kaum war ich drangewesen und bejubelt worden, öffnete dieser Lektor eine Champagnerflasche, wahrscheinlich, wie ich heute vermute, eher seinet- als meinetwegen. Mit diesem Lektor fuhr ich dann nach Klagenfurt. Er kam aus dem Osten, ich meine den Lektor, und er fühlte sich offenbar als ein echt gegen das Regime widerständig gewesener. Aber Klagenfurt, das wollte er schon, da hatte er keinen Widerstand.

Klagenfurt, das ist ein Literaturwettbewerb, da liest man. Ich habe zur Sommerzeit immer Tour de France geschaut, und wenn Werbung kam, habe ich umgeschaltet, da gab es dann manchmal Klagenfurt. Da lasen so Leute, die kannte ich nicht. Das war alles immer ungeheuer peinlich. Vor den Autoren kamen Filmchen über die Autoren, ganz schlimm. Bevor wir nach Klagenfurt fuhren, bekam ich Telefonate von einer Frau, die einen Klagenfurtfilm über mich drehen sollte oder wollte, Sollen und Wollen, das ist ja im Betrieb bis zur Unkenntlichkeit nivelliert wie überall da, wo es Institutionen gibt. Institutionen, eine Welt ohne Ich. Diese Frau wollte, daß ich mich vor einen Stall stelle. Da mein erster Roman nach ihrer Vorstellung auf dem Land und geradezu unter Bauern spielte, wollte sie, daß ich mich vor einen

Stall stelle und da irgend etwas mache, rumlaufen oder so. Ich vor einem Stall. Ein Stall, sagte ich. Sie sagte, ja, ein Stall, wo ist denn bei dir ein Stall, such doch einen Stall, sagte sie. Einen Stall, wo wir dich drehen können. Ich fragte sie, ob sie nicht selbst einen Stall suchen könne, sie sagte nein, sie komme nicht vom Land. Ich fragte sie, wie sie sich die Wetterau vorstelle. Sie hatte das Wort Wetterau aber noch nie gehört. So kam es dazu, daß es zu dem Film nicht kam. Also Klagenfurt ohne Film. In Klagenfurt wird immer so ein Heftchen gedruckt, in dem drinsteht, wo man schon alles war, welche Preise man schon bekommen hat, welche Bücher man schon veröffentlicht hat undsoweiter, und dazu das obligatorische Foto vom Autor. In dem Klagenfurtheftchen stand bei mir gar nichts außer dem einzigen Text, den ich bis *dato* veröffentlicht hatte, man muß das eher im Passiv sagen, der bis *dato* von mir veröffentlicht worden war. Er hieß: Aus einem Bericht des Bauern Seidel. Bei allen standen zehn oder fünfzehn oder zwanzig Punkte auf der Erfolgsliste, bei mir stand immerhin nicht nichts, aber nur eins. Ich also völlig unbekannt, ein leeres Blatt, dazu nur ein Punkt auf der Erfolgsliste, und da auch noch ein Bauer Seidel. Das hielten nicht wenige für durchinszeniert, zumindest anschließend, nach dem Preis, den ich da bekam, da fiel dann auch plötzlich ins Gewicht, daß ich nicht aus Berlin kam, wie fast alle anderen. Ich, ein Bauer vom Land, der über Bauern schreibt und verweigert, sich vor einen Stall zu stellen daheim in der Wetterau, von der sie nie etwas gehört hatten. Schön war auch die Lesung in Klagenfurt, meine erste überhaupt, ich las etwas vor nicht über Bauern und

Ställe und das Land, sondern über Onanieren, Onanieren nach dem Zweiten Weltkrieg in Frankfurt, alle fanden das witzig, meine erste Lesung, und alle lachten. Zum ersten Mal stand ich in der Öffentlichkeit, und alle lachten. Ich las ein Stück mit erhöhtem Depressionswert vor, und alle lachten, und ich dachte, o je, meine armen Eltern, jetzt sehen sie ihren Sohn zum ersten Mal im Fernsehen, eine katholische Familie, und er redet vom Onanieren und bekommt dafür auch noch einen Preis und fünfzehntausend Mark, das ist heute nicht mehr viel, aber damals schon. Vor der Lesung kannte mich niemand, aber kaum hatte ich gelesen, eine Art Geburt in den Betrieb hinein, eine Sturzgeburt, hatte ich Kameraleute auf den Fersen, ORF, Klagenfurt ist ja in Österreich, oder auch 3SAT, keine Ahnung, und das war schon interessant, alles so plötzlich, aber mich berührte es eher peinlich, denn eine halbe Stunde vorher wollten die mich noch nicht filmen, da gab es mich noch gar nicht, auch wenn ich schon zwölf Jahre geschrieben hatte und dieser Tag an all dem, was ich je geschrieben hatte, kein Wort änderte, es war vorher auch schon alles da, aber sie wollten mich natürlich erst nach meinem Erfolg filmen, und also sagte ich mir, euch werde ich es zeigen. Mit einem mich im nachhinein verblüffenden analytischen Verstand erfaßte ich die Situation und sah, als die Kameraleute mir in die sendestudiointerne Hausbar gefolgt waren, wo ich Bier zum Abspannen trinken wollte, was sie offenbar filmen wollten, Autor in der Bar beim Biertrinken ... kurzum, ich sah also, daß die Fernsehkameras mit Kabeln funktionierten. Hinter dem Kameramann lief immer einer her, der das Kabel tragen mußte, und dieses Kabel hatte nur eine bestimmte Reichweite. Also ging ich aus der Bar wieder hinaus, lief durchs Foyer und nach draußen, es gibt dort mehrere Türen. Die ORF-Leute hinter mir her, inklusive Kabelmann. Dann ging ich durch die Nachbartür wieder ins Foyer zurück. Die Kameraleute hinter mir her. Dann ging ich justament durch die erste Tür wieder hinaus. Die Kameraleute wieder hinterher. Das ging drei- oder viermal so, dann hatten die Kameraleute begriffen, was passierte, sie hatten ihr Kabel mehrfach zwischen den beiden Türen verwickelt, steckten fest, und ich konnte in die Bar gehen und Bier trinken. Seit diesem Augenblick galt ich im Betrieb als arrogant. Eine Stunde nach meiner Lesung fand ich mich in einem Restaurant an einem Tisch wieder, um den herum etwa zehn Leute versammelt waren. Die waren meinetwegen da. Wie diese Runde entstanden war, keine Ahnung. Das mußte mein damaliger Lektor arrangiert haben, unmittelbar nach dem »Erfolg«. Erfolg, was auch immer das heißt. Ich war für ihn, den Lektor, ja vielleicht ein Mensch, aber vor allem ein Autor, und er war für mich kein Lektor, sondern ein Mensch, das ist eben der klassische Irrtum, von dem ich eingangs gesprochen hatte. Ich kannte den Betrieb ja nicht. Am Abend dieses Tages war ich völlig fertig und hatte einen Nervenkollaps, nicht wegen der Lesung im Fernsehen, sondern wegen der Tischrunde danach, ich war ja nicht gewohnt, daß wer etwas von mir wollte. Das hatte mir dieser Mensch, der ein Lektor war, zugemutet. Der Einstand in den Betrieb war gleich ein Zusammenbruch. Am nächsten Tag lag ich im Bett im Hotel in Klagenfurt, denn mein Kreislauf war am

Ende, und jener Lektor brachte mir Tabletten, als sei das das Normalste der Welt. Der Autor als Rennpferd. Das hätte mir zu denken geben sollen. Kaum zu Hause, begannen die Lesereisen, als hätte sich eine Welt eröffnet. Dann kamen die Kritiken. Plötzlich hatten alle etwas zu mir zu sagen oder nicht. Ich war in die Welt hineingeboren worden, mit zweiunddreißig, wie damals mit drei. Aber auch diese Welt, wie die im Kindergarten, handelte nach Gesetzen, die ich nicht kannte und die ich bis heute nicht verstehe. Es hat ja jeder eine Meinung zu allem, und vor allem will jeder intelligent sein. Also unterstellten sie mir von Anfang an, zu sein, was sie waren, nämlich intelligent. Ich versuchte von Anfang an zu opponieren und sachlich darzustellen, wie es sich wirklich verhält, nämlich daß ich weder zu etwas eine Meinung habe noch intelligent bin oder überhaupt nur sein will. Je eindringlicher ich das sagte, für desto intelligenter hielten sie mich. Allerdings gibt es da einen Punkt, der an mir manchmal reizte. Indem ich nämlich immer bemüht bin, sachlich korrekt darzustellen, daß ich nichts zu sagen habe und meine Intelligenz, käme sie, sofern ich welche habe, zur Anwendung, eher eitel wäre, sage ich natürlich über die anderen genau dies, nämlich daß sie ebenfalls nichts zu sagen haben, einfach deshalb, weil es nichts zu sagen gibt außer sehr wenigen Dingen, und wie ich bereits ausführte: aus diesem Nichts kann man vielleicht eine Form machen, aber an mehr glaube ich nicht. Es gibt nur sehr wenige Dinge zu sagen und ansonsten nichts, höchstens Eitles, das, was zum Beispiel in den Zeitungen steht, und aus diesem Nichts kann dann vielleicht noch eine Form gemacht werden, man kann im Wissen der anderen das Nichts zeigen, in ihrer Rede, ihren Handlungen, aber es führt alles nicht dazu, daß ich etwas zu sagen hätte außer den einfachsten Dingen. Freilich besteht Literatur nicht darin, etwas zu sagen zu haben. Das wäre ja noch schöner! Aber für viele besteht sie doch in der Teilhabe an einem zeitgemäßen Diskurs oder einfach in der Teilhabe an dem, was wir uns als unsere Zeit vormachen. Und natürlich ist die Teilhabe an diesem Diskurs eine subtile Form des Etwas-zu-sagen-Habens. Also hat das Publikum und hat die Kritik mir unterstellt, ich hätte ebenfalls etwas zu sagen in ihren Diskursen, denn sie müssen mich ja als Spielmarke in ihr Intelligenzspiel integrieren, sonst könnten sie mich ja gar nicht bei sich vorkommen lassen, ich wäre ja sonst wie ein Fußballspieler, der auf dem Feld steht und einfach nicht spielt, sondern vielleicht gerade betet, wer weiß. So wurde ich dann zu vielerlei, ich wurde zum Beispiel zum Autor der Gerüchte, so haben mich viele kennengelernt. Maier schreibt über Gerüchte. In seinem ersten Roman geht es um Gerüchte in einer hessischen Kleinstadt, hieß es. Dann hieß es, sein zweiter Roman spiele in Südtirol und handle von dortigen Gerüchten. Der dritte Roman spielte dann in Frankfurt, da ging es nicht um Gerüchte, was dann einige verwirrte, da ich doch der Autor der Gerüchte bin. Bzw. sei. Oder: Maier ist ein Autor des ländlichen Raums. Meine Damen und Herren, wenn Sie diesen Vorlesungen gefolgt sind, haben Sie vielleicht eine Ahnung davon bekommen, worin mein Schreiben besteht und warum ich schreibe. Seit meiner ersten Veröffentlichung hat mich gerade deshalb immer wieder verblüfft, wie Menschen lesen. Die meisten Menschen lesen Bücher an ihrer materiellen Oberfläche, die, meines Erachtens, das geringste an einem Buch ist. So war mein erster veröffentlichter Roman für viele Leute nicht ein Buch über die Wahrheit oder die Abwesenheit von Wahrheit oder über die Menschen oder über das Lügen der Menschen, sondern es war ein Buch vor allem über die Wetterau. Die Leute glaubten allen Ernstes, ich hätte ein Buch über die Wetterau geschrieben. Sie glaubten es deshalb, weil das Buch in der Wetterau spielte, das heißt, weil gewisse Ortsnamen vorkamen. Und weil *mundus vult decipi*, drehten sie das Rad noch weiter. Sie unterstellten mir, mit einem fabelhaften Beobachtungstalent ganz exakt meine Heimat beschrieben zu haben, wie ein Heimatkundler. Das scheint heute übrigens ohnehin sehr wichtig zu sein in der Literatur, die genaue Beobachtung und die exakte Beschreibung. Aber das ist doch alles Blödsinn, jeder beobachtet, und vor allem, wozu sollte ich etwas beschreiben? Nach meinem zweiten Roman sagten die, die Literatur als Beobachten und Beschreiben verstehen: Faszinierend, Herr Maier, wie exakt Sie Südtirol erfaßt haben, Sie müssen die Stadt Klausen ja ganz genau beobachtet haben. Ja, in der Tat, einmal bin ich in Klausen durch die Altstadt gelaufen und habe mir drei Straßennamen gemerkt, das war es. Das folgt einem wie ein Hündchen nach: die Mär von der genauen Beobachtung. Ich erfinde Texte, denen ich einen epischen Rahmen verpasse, und dafür, damit die Texte nicht auf leeren schwarzen Bühnen spielen, benutze ich Ortsnamen, Straßennamen, Menschennamen. Wie sollte ich es denn sonst machen? Nur hat es mit Beobachtung nichts, aber auch gar nichts zu tun. Ich war also jetzt derjenige, der gut beobachtet und einen Roman über die Wetterau geschrieben hatte, der dann einen Roman über Südtirol geschrieben hatte und der anschließend einen Roman über Frankfurt geschrieben hatte. Mit dem letzten Roman, das war faszinierend. Irgendwann, da hatte ich erst ganz wenige Seiten geschrieben, so vor drei Jahren, erzählte ich einem Journalisten auf die Frage, wo dieser Roman spiele, daß er in Frankfurt spiele. Sofort wurde aus dem Roman ein Frankfurtroman. Wo ich hinkam, hieß es plötzlich, Herr Maier, wir hören, Sie schreiben an einem Frankfurtroman, an einem Roman über Frankfurt, endlich wieder ein Frankfurtroman. Andere materiale Lesarten: In meinem ersten Roman sei es angeblich um eine dörfliche Welt gegangen, ich hätte also ein Dorf beschreiben wollen, damit hätte ich ein Gegengewicht gegen die damals grassierende Berlinliteratur setzen wollen, in meinem zweiten Roman sei es um eine Autobahn gegangen, nämlich um eine quer durch Südtirol, und in meinem dritten Roman sei es, etwas unzeitgemäß, plötzlich um das Thema Atom gegangen. Einen Anti-Atom-Roman hätte ich geschrieben, hieß es sogar. Weil ein Castor-Transport vorkam. So wie sich die, die mich zum Gerüchtemaier erklärt hatten, wunderten, daß ich im dritten Roman unverständlicherweise mein Thema Gerüchte aufgegeben hätte, so erklärten die, die meinen Roman für einen Gorlebenroman hielten, sie hielten das doch für leicht anachronistisch, im Jahr 2005 über Gorleben zu schreiben. Ja, sie glaubten, ich hätte über Gorleben geschrieben. Sie halten Bücher vielleicht für eine

Art von Reisebeschreibung, für einen Reiseführer mit integrierter Handlung, in dem man dann etwas über die Landschaften oder, ernster gesagt, über die politischen oder gesellschaftlichen Zustände erfährt, weil das ja interessant ist. Bzw. sei.

Man kommt also in die Öffentlichkeit, und die sagt Sätze über einen. Je nachdem, ob die gut oder schlecht ausfallen, geht es dann weiter im Betrieb. Je mehr gute Sätze über einen gesagt werden und je mehr Bücher man verkauft, einen desto besseren Stand hat man im Betrieb, zumindest am Anfang. Über mich wurden zuerst fast ausnahmslos gute Sätze gesagt, und die Leute kauften von mir Bücher über die Wetterau, über Südtirol, über Gerüchte, über Autobahnen oder weiß Gott über was. Ganz selten erfuhr ich von Menschen, die ein Buch von mir über die Wahrheit gekauft hatten, ein sehr hilfloses und verzweifeltes kleines Buch über die Wahrheit und die Menschen. Ich kam in den Betrieb, aber nicht unter die Räder. Es wurden gute Sätze über mich gesagt, die ich meistens nicht verstand, und was folgte, waren Preise, Stipendien, Einladungen, Auftritte, Vorträge und zum Beispiel auch Poetikdozenturen. Ich begann durch Deutschland und bald darauf durch Europa zu reisen, mein Verlag hat inzwischen akzeptiert, daß ich andere Kontinente nicht bereisen kann, denn ich bin kein Vogel und fliege also nicht, denn da oben kriege ich Angst. Derzeit lebe ich in Rom, allein deshalb, weil ich Bücher schreibe und nach Rom eingeladen wurde, um dort ebendas zu tun, und zur Zeit lebe ich als Pendler, wegen dieser Dozentur.

Inzwischen hat sich das Bild von mir etwas gewandelt. Ich galt am Anfang eher als arroganter Autor, wegen des fehlenden Filmchens in Klagenfurt und der Verwicklung des Kamerakabels. Später galt ich als erfolgreicher Autor. Dann galt ich als gewiefter Autor, als einer, der sehr genau wisse, wie er sich Vorteile im Betrieb erwerben kann. Heute gelte ich teilweise als unsauberer, unsolider Autor, der Leute im Literaturbetrieb absichtlich geschädigt hat, zum Beispiel jenen Lektor aus Klagenfurt, und viel Geld abgezockt hat, mit dem letzten Roman angeblich sogar fünfzigtausend Euro. Mein letzter Roman wurde, heißt es, darüber hinaus von einem Verlag zurückgewiesen, von einem kleinen Verlag, der ein literarisches Startprogramm vorlegen wollte, aber mein Roman war für sie zu schlecht, oder ich wollte ihn nicht überarbeiten, oder er hat ihnen politisch nicht gepaßt, je nachdem. Zumindest war das alles so in der Zeitung zu lesen. Erst war jener Lektor mein Lektor und für mich ein Mensch, weil ich nur Menschen sehen kann, und ich war sein Rennpferd, und dann, als er mich einem sehr eigenartigen Verleger gegenüber in eine sehr eigenartige Situation gebracht hat und sie, die beiden, der Lektor und der Verleger, ihr Rennpferd verlieren, also mich, weil ich zwar viel mitmache, aber nicht alles, da beginnt es in ihnen zu arbeiten, wie es in Menschen normalerweise arbeitet und wie es Herr Hesselbach oft beschreibt. Die Wahrheit ist die schlimmste aller Beleidigungen, und ein übliches Mittel, um die Wahrheit zu verunklaren, ist, sie durch ihr Gegenteil zu verseuchen. Man macht sich das *audiatur et altera pars* zunutze, indem man eine *altera pars* erfindet, damit es für den Außenstehenden sofort keine einfache Wahrheit mehr gibt, sondern nur noch Behauptungen zweier Seiten, da kann ja sofort kein Außenstehender mehr guten Gewissens entscheiden. So funktioniert die ganze Öffentlichkeit, so funktioniert es auch vor Gericht. Das ist ein Kern meiner Bücher und ihrer Sprachform. Es ist die Sprachseuche der Menschen, ihr Gift. Heute heißt es sogar, ich hätte meinen damaligen Lektor »verlassen«, weil ich nicht mit ihm habe an meinem letzten Roman arbeiten wollen. Eine eigentümliche Behauptung. Dieser eigenartige Verleger hat dann übriges auch noch ein Buch von mir gedruckt, das ist jetzt zwei Jahre her, und nie etwas dafür gezahlt, er hat es einfach gedruckt und nie abgerechnet. Sie sehen das Buch vorne auf dem Büchertisch liegen, es ist ein Buch über Thomas Bernhard, ich weiß nicht einmal, wie viele Exemplare dieser eigenartige Verleger gedruckt hat und wie viele verkauft, und ich bitte Sie, kaufen Sie dieses Buch nicht, ich verdiene daran nichts, nur der Verleger, der jetzt wahrscheinlich auf einen Prozeß gegen sich wartet, weil so seine Welt funktioniert. Obwohl der Roman angeblich abgelehnt wurde, ließ er sich den Weggang des Autors fünfstellig vergolden. Noch drei Wochen, nachdem ich Idiot, der wirklich einen Vertrag mit diesem Verleger unterzeichnet hatte, dringend um Vertragsauflösung ersucht hatte, soll dieser eigenartige Verleger, wurde mir gesagt, auf der Frankfurter Buchmesse herumgestanden und Auslandslizenzen für den Roman angeboten haben, den er vorher angeblich abgelehnt hatte, so kann es gehen, wenn man in den Betrieb kommt. Er hatte sogar in Windeseile ohne irgendeine Absprache Werbung für den Roman gedruckt und verteilt, um Tatsachen zu schaffen.

Ich kam aus Rußland von einer Reise und fiel aus allen Wolken. Jener Lektor hatte mir diesen Verleger als Menschen aufgeschwatzt, dabei war er ein Geschäftsmann, und dazu einer mit sehr eigenwilligen Methoden, die ich hier lieber nicht kommentiere und die ich bei Suhrkamp im Leben nicht kennengelernt hatte, insofern war ich da etwas unvorbereitet.

Und so hat mir also ein ehemaliger Lektor von mir eine neue Seite zugefügt, und so fügt sich langsam das Bild, das von einem im Betrieb existiert, zusammen, einige hier werden sich ja vermutlich auch daran erinnern, daß ich einmal eine Wohnung in Potsdam verweigert habe, weil ich lieber in einem Schloß wohnen wollte, klar, wenn schon Potsdam, dann auch Schloß, zumindest der Bildzeitung nach, auf der war ich nämlich auch einmal, Seite eins, ganz ohne Konjunktiv. Da kam morgens ein Nachbar zu mir herüber, ein Wetterauer in Hose und Unterhemd, der mich, es war bei uns zu Hause, duzte, er siebzig und ich sechsunddreißig, und sagte mir, Andi, Andi, bist ja heute auf der Bildzeitung! Ich war auf der Titelseite der Bildzeitung in einer Rubrik, die, glaube ich, Verlierer der Woche hieß. Neben mir war Kylie Minogue, sie hatte wenig an, auf jeden Fall weniger als ich, sie war, glaube ich, die Gewinnerin der Woche. Aber die Bildzeitung und jener kleine Verlag funktionieren ähnlich, die Bildzeitung im großen und so jemand wie dieser Lektor und der Verleger im kleinen, beide Parteien, Bild wie solche Leute, haben ihr eigenes Verhältnis zu den Dingen.

Eines habe ich an uns Menschen immer wieder beobachten können: Wenn man lügt, das heißt, wenn man gelogen hat, dann hat man immer ein Problem, weil dann die Wahrheit oft, bevor man sie sagt, wie das schlimmste von allem wirkt, denn sie beinhaltet dann automatisch das Zugeben der eigenen Lüge. Wofür man aber anschließend auch um so schneller völlig erlöst ist, wenn man sie sagt, schon nach einer Sekunde ist man erlöst, wenn man sie denn sagt, die Wahrheit, was vorher immer geradezu unvorstellbar erscheint. Die Wahrheit ist ein Zaubermittel, und weil sie innerhalb einer Sekunde erlöst, weiß auch jeder, daß es sie gibt und was sie ist und was sie beinhaltet, denn sie ist das Einfachste von der Welt, darum gehen meine Bücher, von da haben sie ihren Wesenskern. Aber die Menschen gehen zumeist den Umweg und verderben sich ihr Heil damit. Ich rätsele bis heute, warum der Teufel, also das Nichts, die Feigheit vor die Wahrheit gestellt hat, das war ein genialer Schachzug von ihm. Die Wahrheit ist das Einfachste, aber der Teufel hat sie verkompliziert, indem er die Feigheit davorgestellt hat. Und die Wahrheit heilt in einer Sekunde.

In der gestreuten Version ging es dann so weiter, daß der Suhrkamp Verlag irgendwann wieder auf mich zukam, mir eine Unsumme Geld bot und ich deshalb den Lektor, mit dem ich ohnehin nicht am Text habe arbeiten wollen, Konjunktiv, einfach habe sitzen lassen. Dabei ist der einzige Mensch, der je eine Unsumme an diesem Buch verdient hat, der eigenartige Verleger, von dem ich mich freikaufen mußte, vielen Dank, lieber Lektor, kann ich da nur im nachhinein sagen. Heute machen beide einen Riesenbogen um mich, das kann ich, ehrlich gesagt, leicht nachvollziehen.

Sehen Sie, meine Damen und Herren, man kommt in den Betrieb, und so weit kann das kommen. Man wird zu einem Rennpferd gemacht, und wenn man plötzlich nicht mehr im selben Stall steht, dann versuchen sie dem vorher gehegten und gepflegten Rennpferd plötzlich irgend etwas in den Hafer zu tun oder auf die Hufe zu geben, damit es das, was es vorher noch sollte, nämlich schnell laufen, dann nicht mehr kann, weil es ja jetzt nicht mehr schnell laufen soll, denn es steht ja nicht mehr im eigenen Stall. Ich kam in den Literaturbetrieb, aber ich kam nicht unter Menschen, sondern ich kam in etwas, das sich, wie ich heute weiß, nicht sehr viel von dem unterscheidet, was ich an jenem einen Tag im Kindergarten erlebt habe und was mir bis auf den heutigen Tag den heiligen Schrecken über die Menschen in die Glieder gejagt hat. Ob ein Lektor oder ein Verleger das Publikum für eine Ansammlung absoluter Vollidioten hält, das würden sie natürlich nie öffentlich machen. Politiker würden das über ihr Wahlvolk auch nie öffentlich machen. Allein wie doppeldeutig immer über das Literarische Quartett geredet wurde. Sie sagten insgeheim immer, sie können nicht begreifen, wie Deutschland auf so einen Scheiß hereinfällt, und zugleich versuchten sie unter allen Umständen, ihre Bücher da hineinzukriegen. Wir leben schon in einer eigenartigen Welt. In dem Klagenfurter Onaniertext steht irgendwo der Satz: Man darf ja lügen, aber man muß seine Lügen auch zugeben können.

Einmal, im Jahr 2000, das war ein, wie es so schön heißt, sehr erfolgreiches Jahr für mich in der Welt, diesem schönen Nichts, da saßen wir im Gemalten Haus in

Frankfurt auf der Schweizer Straße, einem der schönsten Orte der Welt, mein Freund Jan Plaumann, meine Freundin Christine, noch ein paar andere, auch jener Lektor. Wir saßen da, tranken, feixten, ließen es uns gutgehen, ich hatte gerade einen sehr schönen Preis bekommen oder war in irgendeiner Fernsehsendung gewesen oder irgend etwas. Ich reiste damals Tag für Tag durch aller Herren Länder, machte sehr viele Lesungen, also alles, was man so macht, wenn man debütiert in einer seltsam auf junge Debüts fixierten Literaturgesellschaft, wo Autoren wie zum Beispiel Gerhard Kelling kaum eine Chance haben, auch wenn sie Bücher schreiben, die großartig sind. Noch Jahre später erzählte mein Freund Jan, was an diesem Abend im Gemalten Haus passierte, etwas auf den ersten Blick ganz Unwichtiges. Mein Freund erzählte das übrigens erst Jahre später, erst nachdem sich dieser Lektor aus meinem Leben verabschiedet hatte mitsamt seinem Umfeld, das mir noch sehr schöne Mitteilungen hinterhersandte, sinngemäß so was wie »Du bist das Dreckigste, was wir je gesehen haben«. Also, Jan Plaumann erzählte, ich sei irgendwann hinausgegangen für einen kurzen Moment, und der Gesichtsausdruck jenes Lektors habe sich sofort gewandelt, von heiter und fröhlich in angespannt und nervös, kaum war ich draußen. Der nun angespannte und nervöse Lektor wandte sich an meinen Freund Jan und fragte ihn mit sorgenvollem Gesicht, flüsternd: Meinst du, er hält durch? Mit er meinte er mich, also ich. Da war sie, die Frage, ob das Rennpferd auch halten wird, was es verspricht, oder nicht. Da war die Wahrheit auf dem Tisch im Gemalten Haus, ich war aber gerade auf dem Klo und pißte, denn der Frankfurter Apfelwein tat wie immer seine glückliche, kathartische Wirkung. Aber, meine Damen und Herren, Schluß mit diesen Leuten. Ich bin glücklich, anschließend in die doch recht breiten Arme meines eigentlichen Verlages zurückgekehrt zu sein, ich war Ulla Unseld-Berkéwicz geradezu dankbar, daß sie noch ein halbes Jahr lang stinksauer auf mich war, das war endlich einmal eine angemessene Reaktion nach dem unaufrichtigen Getue, das ich vorher andernorts erlebt hatte. Überhaupt der Suhrkamp Verlag, ein abendfüllendes Thema. Ein ins Gerede gekommener Verlag. Aber, meine sehr verehrten Damen und Herren, was gibt es in der Öffentlichkeit zu lernen? Die Öffentlichkeit ist eine Form des Nichts, wie der Betrieb auch, alles ist dort immer seltsam verdreht. Ich halte es inzwischen eher für nicht schlimm und tendenziell sowieso immer unbegründet, wenn man ins Gerede kommt. Die, die nicht ins Gerede kommen, sind ja manchmal nur geschickter und arbeiten mit allen Mitteln, und wer ins Gerede kommt, zeigt schon dadurch, daß er nicht mit allen Mitteln arbeitet. Die positiven Helden meiner Bücher waren immer die, die ins Gerede gekommen sind, einfach weil sie zu gar nichts etwas sagten und auch alle anderen eher in Ruhe ließen. Solche Leute, ich habe es schon einmal gesagt, ziehen in der Menschengesellschaft den heiligen Zorn der Umstehenden auf sich. So war es auch damals im Kindergarten, als ich drei war. Ich kam in den Literaturbetrieb wie in den Kindergarten vor fünfunddreißig Jahren, ich darf noch einmal die Sequenz zitieren, die in der Eingangsvorlesung stand: »... im Gang des Kindergartens steht eine überaus gutgelaunte Person und grinst mich freundlich begeistert an, wieder ist da dieses Unechte. Ich fühlte mich jetzt bereits wie in einem Käfig ... Die Menschen dort waren ungeheuer bunt gekleidet. Sie hatten komische Zähne. Sie waren sehr aggressiv. Sie verbreiteten einen Geruch, den ich kaum ertrug. Sie waren schnell, und sie handelten nach Gesetzen, die mir völlig verschlossen blieben. Diese Menschen waren eine Gruppe. Diese Gruppe funktionierte nach Regeln, die ich nicht kannte und die ich bis heute nicht kenne. Vor meinen Augen verwandelten sich diese Menschen in Handlungsautomaten. Sie schlugen sich, sie bissen sich, sie kommunizierten miteinander, sie taten irgend etwas miteinander, und vor allem: sie konnten es. Sie konnten es, indem sie es einfach taten.« Ich habe eingangs gesagt, daß diese Verweigerung des Kindergartens mit der anschließenden autonomen Selbstmorddrohung und dem ersten Konditionalsatz meines Lebens alles in meinem folgenden Leben durchstrukturiert hat, bis hin zu meiner literarischen Form, die ja nichts anderes ist als der Schock, den ich damals, vor fünfunddreißig Jahren, erlitten habe, und bis hin zu dem, was mir im Literaturbetrieb passierte, wo sich einfach alles wiederholte, was ich vorher auch schon auf allen Stufen meines Seins erlebt hatte. Ich bin aus dem, was in den letzten sechs Jahren seit meinem ersten Buch passiert ist, natürlich nicht unbeschadet herausgekommen, ebensowenig wie aus den vorigen Lebensphasen, und neulich, im Januar, kurz vor Rom, war ich mal wieder bei einem Psychologen, wegen Dingen, die ich Ihnen jetzt nicht schildern will, sie gehören nicht hierher. Dieser Psychologe sagte, ja, schön, Ihr Kindergartenkonstrukt, aber Sie wissen schon, Herr Maier, daß das metaphorisch ist, was Sie da sagen. Ich antwortete: In Ihrer Sprache schon, das weiß ich. In Ihrer ist es metaphorisch, denn Sie suchen immer nach Gründen, und der Grund für die Verweigerung des Kindergartens muß für Sie natürlich vorgängig sein. Er: Ja, es muß einen früheren Grund geben, oder nennen wir es eine Struktur. Sie, Herr Maier, machen eines nicht, was alle anderen machen. Alle anderen bauen entweder ein Machtkonzept auf, oder sie reagieren auf das, was die anderen ihnen antun, ab, indem sie es wiederum an anderen auslassen. Ich: Das heißt, daß da draußen jeder Feind vom anderen ist? Er: Ja, natürlich. Die Menschen haben mit Wahrheit und der Wahrheit ihrer eigenen Begriffe nichts zu tun. Ich: Das heißt, die Menschen wissen, daß sie brutal sind und ständig anderen etwas zufügen? Er: Ja, und dadurch bleiben sie kohärent. Sie verwalten, was sie erleiden, dadurch, daß sie zufügen. Sie, Herr Maier, resignieren zum Beispiel ob der Tatsache, wie und daß die Leute Auto fahren, Sie halten das Auto für eine brutale Waffe. Sie handeln nun so, daß Sie gerade deshalb nicht autofahren. Sie müssen sich aber klarmachen, daß für alle anderen Autofahren ein ebenso brutales, bedrohliches Ding ist. Sie machen es sich nur nicht klar und handeln genau anders. Sie machen einfach das, was sie bedroht, selbst, sie machen genau das, was sie, gegen sich gewendet, als Unrecht empfinden würden. So vernichten sie das Unrecht, indem sie es ausblenden, weil sie jetzt selbst Täter sind. Ich: Das heißt, sie werden einfach selbst zu Tätern? Der Psychologe: Genau das. Und dadurch bleiben sie, nun, nennen wir es, gesund. Ich: Das heißt, um gesund zu sein und im Gleichgewicht durchzukommen, muß man mitmachen, selbst Macht aufbauen oder das, was man erleidet, ablenken auf andere. Er: Ja. Ich: Glauben Sie eigentlich an Gott? Er: Wie bitte? Ich: Das ist doch der Kern des christlichen Glaubens, wovon Sie eben sprechen. Es ist die menschliche Urschuld, es ist das, was das Heil verhindert. Er: Wir sind aber nun einmal, um es in Ihren Begriffen zu sagen, aus dem Paradies vertrieben. Ich: Ja, weil wir uns in jeder Sekunde neu vertreiben, nämlich indem wir Ihren Ratschlägen folgen, sehr geehrter Herr Psychologe. Aber sagen Sie mir, was passiert, wenn ich da eben nicht mitmache, weil ich es für falsch und für eine Sünde halte? Er: Dann werden Sie eine Autoaggressivität entwickeln. Sie müssen das irgendwohin lenken, und Sie werden es gegen sich lenken. Sie werden sich kleiner und kleiner machen, und je kleiner Sie sich machen, als desto grauenhafter werden Sie die Umwelt empfinden, das wird dann dazu führen, daß Sie sich irgendwann selbst zerstören, womit Sie übrigens meiner Meinung nach schon angefangen haben. Sie haben den Kindergarten verweigert, Sie haben gewisse juristische Auseinandersetzungen verweigert, Sie haben kein Auto, fliegen nicht, hören nicht laut Musik, finden die Atomwirtschaft und unsere Akzeptanz dieser Industrie unglaublich, schauen nicht fern, quälen keine Nachbarn, ziehen sich immerfort zurück und lassen sich von Leuten in Ihrem Beruf willenlos über den Tisch ziehen. Das einzige, was mir bei Ihnen Hoffnung macht, ist, daß Sie Bücher schreiben. Das ist vielleicht das einzige, was gegen eine fortschreitende Selbstzerstörung sprechen könnte. Aber einen Rat gebe ich Ihnen. Seien Sie vorsichtig! Wenn Sie können, kämpfen Sie die Machtkämpfe mit. Wenn Sie aber lieber Christ und wahr bleiben wollen, dann seien Sie wenigstens vorsichtig. Das hier ist dann nicht Ihre Welt. Ich sagte dem Psychologen, ich sei jetzt achtunddreißig. Immerhin hätte ich schon achtunddreißig Jahre geschafft. Er: Ja, das stimmt, die Zeit spricht für Sie. Eigentlich hätten Sie sich mit achtzehn oder neunzehn umbringen müssen, das wäre bei jemandem wie Ihnen eher normal gewesen, denn Sie haben ja keine Schutzwand nach außen. Waren Sie eigentlich damals schon gläubig? Ich: Nein. Gar nicht. Ich habe sehr lange, ein ganzes Philosophiestudium und noch viel länger gebraucht, um zu begreifen, daß in den Evangelien nichts weiter ausgedrückt wird als ein ganz einfacher Sachverhalt, nämlich daß wir nicht so sein sollen, wie wir sind. Daß zwar in unseren Begriffen die Wahrheit steckt, aber nicht in uns. Und daß wir deshalb einfach bloß Lügner sind. Und warum, fragte er mich, haben Sie sich nie umgebracht? Ich: Warum? Weil das eine Sünde ist. Ich kann keinen Menschen umbringen. Er kommt von Gott. Darauf komplimentierte mich der Psychologe aus seiner Praxis, es war in Würzburg, ich ging daraufhin Wein trinken, der ist ja gut da. Meine sehr verehrten Damen und Herren, ich begann meine Vorlesungen mit dem Hinweis, daß sich alles in meinem Leben und in meiner Literatur nach einem bestimmten Punkt ordne, oder, wie der Psychologe sagen würde, nach einer bestimmten Struktur. Ich sagte in der ersten Vorlesung, dieser Punkt enthalte alles weitere, und er strukturiere bis heute jedes Problem, welches ich mit den Menschen und mir habe, und er strukturiert meine literarische Form, die, wie mir irgendwann klargeworden ist, auch nichts anderes als ich selbst ist. Vielleicht ist es mir gelungen, klarer werden zu lassen, was ich damit meinte, und daß die Beschreibung dieses Ich eine Lebensbeschreibung und zugleich die Beschreibung einer mit Notwendigkeit zustande gekommenen literarischen Form ist, obgleich ich da noch sehr am Anfang stehe und sie nichts weiter als eine Behinderung ist. Es ist egal, ob ich von meinen Büchern, vom lieben Gott, von den Menschen, dem Kindergarten oder dem Literaturbetrieb rede, denn in all dem entdecke ich immer wieder dieselbe Logik, das Ich, die Welt und Gott, die Wahrheit einerseits und die Menschen andererseits, das Ich in der Mitte, die Menschen drumherum, und um alles Gott. Man könnte diese Grundstruktur vielleicht auch genausogut in nichtreligiöser Sprache ausdrücken, aber das wäre komplizierter, der liebe Gott macht es mir da einfacher, dafür danke ich ihm.

Zuletzt, meine sehr verehrten Damen und Herren, habe ich mit meiner Freundin zusammen ein Buch nicht mehr über die Menschen geschrieben, sondern über die Vögel, die Vögel, die wir alle aus dem Matthäusevangelium kennen und die für mich immer ein Zeichen sind. Für mich sind sie wie Engel. Selbst wenn ich in einer ganz schlimmen Situation bin, dann reicht eine Kohlmeise, die singt, um mir die Wahrheit zu zeigen, mich, das Ich, das Ich im großen Nichts, das nur zu sein braucht wie diese Meise, und schon wird aus dem Nichts eine Welt und das Einfache und Selbstverständliche die einzig existierende Wahrheit, nenne man sie

Gott oder anders, und so begann ich vor achtunddreißig Jahren mit den Enten am Bad Nauheimer Kurteich und ende hier mit einer Kohlmeise, weit bin ich also nicht gekommen.

Frankfurter Poetik-Vorlesungen im Suhrkamp Verlag

Die Gastdozentur für Poetik an der Johann Wolfgang Goethe-Universität in Frankfurt/Main wurde zum ersten Mal im Wintersemester 1959/60 vergeben. Erste Dozentin war Ingeborg Bachmann. Diese Tradition wurde 1968 unterbrochen und 1979 vom Suhrkamp Verlag und der Universität mit Uwe Johnson fortgesetzt.

Jurek Becker. Warnung vor dem Schriftsteller.
es 1601. 90 Seiten (1989)

Peter Bichsel. Der Leser. st 2643. 99 Seiten (1981/82)

Elisabeth Borchers. Lichtwelten. Abgedunkelte Räume.
es 2324. 160 Seiten (2003)

Karl Dedecius. Poetik der Polen. es 1690. 135 Seiten (1990/91)

Tankred Dorst. Sich im Irdischen zu üben.
es 2451. 119 Seiten (2003)

Uwe Johnson. Begleitumstände. Mit Fotografien.
es 1820. 464 Seiten (1979)

Angela Krauß. Die Gesamtliebe und die Einzelliebe.
es 2389. 103 Seiten (2004)

NF 311/1/5.06

Hermann Lenz. Leben und Schreiben. es 1425. 168 Seiten (1986)

Andreas Maier. Ich. es 2492. 151 Seiten (2006)

Hans Mayer. »Gelebte Literatur«. es 1427. 119 Seiten (1986/87)

Christoph Meckel. Von den Luftgeschäften der Poesie. es 1578. 119 Seiten (1988/89)

Robert Menasse. Die Zerstörung der Welt als Wille und Vorstellung. es 2464. 142 Seiten (2005)

Adolf Muschg. Literatur als Therapie? Ein Exkurs über das Heilsame und das Unheilbare. es 1065. 204 Seiten (1979/80)

Paul Nizon. Am Schreiben gehen. Mit Abbildungen. es 1328. 137 Seiten (1984)

Oskar Pastior. Das Unding an sich. es 1922. 127 Seiten (1993/94)

Patrick Roth. Ins Tal der Schatten. Mit CD. es 2277. 176 Seiten (2001/2002)

Peter Rühmkorf. agar agar – zaurzaurim. Zur Naturgeschichte des Reims und der menschlichen Anklangsnerven. es 1307. 185 Seiten (1980)

Marlene Streeruwitz. Können. Mögen. Dürfen. Sollen. Wollen. Müssen. Lassen. es 2086. 140 Seiten (1997/98)

NF 311/2/5.06

Peter Sloterdijk. Zur Welt kommen – Zur Sprache kommen. es 1505. 175 Seiten (1988)

Hans-Ulrich Treichel. Der Entwurf des Autors. es 2193. 117 Seiten (1999/2000)

Martin Walser. Selbstbewußtsein und Ironie. BS 1222. 213 Seiten (1980/81)

Dieter Wellershoff. Das Schimmern der Schlangenhaut. Existentielle und literarische Aspekte des literarischen Textes. es 1991. 142 Seiten (1995/96)

NF 311/3/5.06